极简 史记

历史书系

霸主篇

邵将◎著

山西出版传媒集团　三晋出版社

图书在版编目（CIP）数据

极简史记. 霸主篇 / 邵将著 . -- 太原：三晋出版
社, 2024. 8. -- ISBN 978-7-5457-3067-8

Ⅰ. K820.2

中国国家版本馆 CIP 数据核字第 2024GN5521 号

极简史记·霸主篇

著　　者：邵　将
责任编辑：冯　岩
助理编辑：刘静萱

出 版 者：山西出版传媒集团·三晋出版社
地　　址：太原市建设南路 21 号
电　　话：0351—4956036（总编室）
　　　　　0351—4922203（印制部）
网　　址：http://www.sjcbs.cn

经 销 者：新华书店
承 印 者：三河市同力彩印有限公司

开　　本：787mm×1092mm　1/16
印　　张：11
字　　数：118 千字
版　　次：2024 年 8 月第 1 版
印　　次：2024 年 8 月第 1 次印刷
书　　号：ISBN 978-7-5457-3067-8
定　　价：68.00 元

如有印装质量问题，请与本社发行部联系　电话：0351—4922268

目录

第一章　雄才大略　首霸春秋——齐桓公

齐桓公本名姜小白，又称公子小白，是齐国的第十五位君主。齐桓公在位期间，重用管仲等大臣，改革军政，发展经济，推行『尊王攘夷』，以『大棒』和仁义为武器，掌控天下大势，位列『春秋五霸』之首。

一　国君之争，小白继位

　　齐桓公的父亲齐釐（lí）公有三个儿子：太子诸儿、公子纠和公子小白。齐釐公逝世以后，国君之位传给了太子诸儿，也就是齐襄公。齐襄公在位期间，倒行逆施，惹得朝政混乱，引发叛乱，最后被人杀死。

　　国不可一日无君。齐襄公一死，公子纠和公子小白便成为未来国君的候选人。然而此时，他们却都不在齐国。早在叛乱之前，两位公子便分别去了不同的国家。公子纠去了鲁国，公子小白则去了莒（jǔ）国。从路程上看，莒国比鲁国距离齐国更近一些，所以，公子小白也比哥哥更早得到消息。他一得到消息，便快马加鞭地往齐国赶。待他出发后，公子纠也上了路。公子纠虽然得到消息较晚，但是他的背后有一个强有力的后盾，就是鲁国。鲁国一边派大军护送公子纠回国，另一边又让管仲等人先行一步，埋伏在公子小白回国的必经之路上，想要射杀公子小白，以保证公子纠顺利继位。

　　管仲等人埋伏在路边，没过多久他们果然等到公子小白的回国车队。管仲张弓搭箭，一箭便射中公子小白

▲管仲像

▲汉画像石《管仲射小白》

腹部。管仲亲眼看到公子小白坠车倒地，车队一片混乱，以为此行任务
已经完成，连忙带人迅速撤退，并向公子纠报告了这个好消息。公子纠
和鲁国大军听到这个消息，以为国君之位唾手可得，不由得放慢了行军
的步伐，慢慢悠悠向齐国进发。

　　但是，当他们抵达齐国境内时却傻了眼。此时，齐国大军已经严
阵以待，正在等候着他们的到来。更令他们吃惊的是，大军的后面，
竟然就是已经继位为齐国国君的公子小白。原来，管仲的那箭虽然射
中了公子小白，但是却恰好射在了衣服的带钩之上，公子小白就此躲
过一劫。他趁着公子纠和鲁国大军放慢步伐的时候，一路飞奔到齐国
国都。

　　在众臣的支持下，公子小白顺利继承了国君之位，成为齐国的第
十五位国君。

　　鲁国不愿意就此错失机会，率军与齐国交战，结果被齐军打得落

花流水，险些全军覆灭。

在鲁军生死存亡之际，齐桓公命人给鲁军将领送去了一封信，信上写道："公子纠是我的兄弟，我不忍心杀掉他，就请你们帮我杀掉吧。至于召忽、管仲，他们都是我的仇人，希望你们可以把他们送给我，让我亲手把他们剁成肉酱！否则的话，你们休想再回鲁国！"

此时的鲁军就如同案板上的鱼肉，只好按照书信上的要求，杀掉了公子纠。

至于召忽和管仲，二人都是公子纠的老师，曾为公子纠的继位出谋划策，管仲更是亲自参与了刺杀齐桓公的行动。召忽担心自己落到齐桓公的手上会受辱，选择自行了断。而管仲则束手就擒，被作为囚犯送往齐国。

然而，齐桓公并不是真的想要杀管仲。对于管仲的刺杀行为，齐桓公心中本来积攒了极大的怨气，但是他的老师鲍叔牙却极力为自己的好友管仲求情，他对齐桓公说："我有幸被选作您的老师，如今您已经成了齐国的国君。可惜我的才能有限，如果您只是想要治理好齐国，那么有我就足够了。但如果您想要称霸诸侯，就必须得有管仲的协助。管仲是一个很有才能的人，不管他辅佐哪个国家，哪个国家一定会变得强大！这样的人才，您可千万不能错失啊！"

齐桓公是一个善于听取他人意见的人。他决定听取鲍叔牙的建议，重用管仲。但是为了防止鲁国发现自己的意图，提前杀死管仲，齐桓公只好故意装作想要杀掉管仲的样子。而管仲也猜到了齐桓公的心思，所以自愿束手就擒，被送回齐国。

在被押送回齐国的路上，管仲遇到了早已等候他多时的友人——鲍叔牙。鲍叔牙为他去掉了枷锁。待沐浴斋戒后，管仲去拜见了齐桓公。齐桓公任命管仲为齐国大夫，并听取管仲的意见，开始对齐国进行政治、军事、经济等各方面的改革。

在管仲的辅佐之下，齐国的国力蒸蒸日上。齐桓公也正式开始走上了"尊王攘夷"称霸诸侯的道路。

二　尊王攘夷，初定霸业

待齐国国力强大以后，齐桓公决定报复鲁国。

齐桓公五年（前 681 年），齐国发兵攻打鲁国。鲁军节节败退，鲁庄公只好向齐国献地求和，齐桓公答应了他的请求，但要求按照惯例，由双方国君举行盟誓，签订条约。鲁庄公自然一口答应，于是双方在柯地举行会盟。

盟会之上，齐桓公意气风发，但就在双方要缔结盟誓之时，一个大汉突然从人群中跳了出来，没等周围的人反应过来，迅速将匕首架在了齐桓公的脖子上。

齐桓公转头一看，发现此人竟是鲁国的大将曹沫。

原来鲁国在齐军的攻打下，丢失了不少土地，如今鲁国被迫与齐国缔结盟誓，一旦缔结，鲁国在战争中失去的土地就会彻底归齐国所有。曹沫情急之下才出此下策。

▲汉画像石《曹沫挟齐桓公》

　　曹沫对齐桓公说："请国君将侵占鲁国的土地还给鲁国。"

　　利刃在喉，齐桓公只得答应曹沫的要求。

　　曹沫笑了笑，扔掉了手中的匕首，走回自己的位置，好像什么都没有发生。

　　危机解除后，齐桓公一阵后悔。他不只是可惜即将到手的土地，更是为自己当时的反应感到羞愧。为了找回面子，他打算反悔。他计划着非但不返还鲁国的土地，还要杀死曹沫，以解心头之恨！

　　但他的这个想法却遭到了管仲的反对。管仲说："虽然您是因为被人挟持才答应了对方的请求。但是君无戏言，您既然答应了别人的请求，就不能够反悔，更不要说秋后算账杀害对方了。如果您这样做了，虽然可以满足一时的快意，可这样就会失信于诸侯，恐怕会失去天下的援助啊！这件事不可取，您还是应该按照约定，把鲁国的土地还回去。"

善于纳谏的齐桓公再一次听信了管仲的建议。

齐桓公二十三年（前663年），山戎进攻燕国。燕国实力不济，向齐国求援。齐桓公听闻燕国被山戎进攻，立即决定发兵救援。在解除了燕国的围困之后，齐桓公率军与燕国一起向山戎老巢发起进攻，并最终击败山戎，大胜而还。

为了表示对齐国的感谢，燕庄公亲自礼送齐桓公回国。燕庄公一路相送，不知不觉就跨出了燕国国境，到达了齐国境内。按照春秋时期的礼仪，诸侯之间相送不可以出自己的国家，如果齐桓公自然接受，那就相当于承认自己高燕庄公一头，日后可能不利于两国的交往。

于是，齐桓公连忙向燕庄公行礼作揖，并说道："如果不是天子，诸侯之间相送不可以出自己的国家，我不能够对燕国无礼。"说完，齐桓公命人将燕君所到之处划归燕国所有。

这两件事一方面彰显了齐国强大的军事实力，另一方面显示了齐桓公宽阔的胸襟与不凡的气度，自此之后，诸侯都十分信任齐桓公并表示愿意追随齐国。

三 齐楚之战，逐鹿中原

齐桓公二十九年（前657年），一件小事引发了齐国和楚国之间的大战。

齐桓公有一个宠妃，是蔡国人，因此称为蔡姬。蔡姬的水性极好。一日，她和齐桓公在船上嬉戏，玩到开心处，她不由得晃动起船只，这令齐桓公非常害怕。齐桓公让她赶紧停下来，但蔡姬以为齐桓公在与她玩笑，于是摇得更起劲了。下船之后，齐桓公便把她发配回了原来的国家。

蔡姬原本是蔡国国君送给齐桓公的礼物。现如今，蔡姬被退回，蔡国国君感觉自己受到了侮辱。愤怒之下，蔡国国君便把蔡姬嫁给了别人。齐桓公听到蔡姬出嫁的消息，非常生气，认为蔡国的行为是对自己的挑衅。于是齐桓公率领诸侯进攻蔡国，并且很快就取得了胜利。

攻下蔡国之后，齐桓公并没有解散联军，班师回国，而是继续南下，向楚国发起了进攻。

面对气势汹汹的诸侯联军，楚成王一时间竟不知所措，连忙派出使者与齐桓公交涉。使者说："齐国地处北方，楚国位居南方，我们之间可以说是风马牛不相及，但如今您却率领诸侯军队来到楚国，不知是什么缘故？"

管仲明白齐国此时贸然进攻楚国，并不占理，便说道："您应该知道，我们齐国的祖先是太公姜尚，奉召康公的命令，齐国有征讨四方、辅佐周室的责任。东至大海，西至黄河，南至穆陵，北至无棣（dì），都在齐国可以征讨的范围之内。楚国不尊王室，理应向周王室进贡却不进贡，所以我们代周王室来进行责问。"怕这样的理由还不够充分，管仲又找了第二个理由，"另外，我们还想问问，我周朝先祖昭王发动南征却至今未归，不知道你们楚国对此有什么解释？"

▲青铜镈·鎛。镈是春秋时代的一种乐器，这件镈上的铭文记载了鲍叔牙
有功于齐国并受齐桓公的赏赐

齐国具有征讨四方的职责不假，但是周昭王去世距离此次齐桓公率军进攻楚国已有三百年之久，如今以此作为说辞，不过是给自己找个借口开脱罢了。接到使者回报的楚成王自然明白这个道理，既然齐国要进攻楚国，那么，楚国也不会畏惧战争。于是，楚成王回答道："没有给周王上贡，的确是我的责任，我今后自然不敢忘记。但周昭王为什么没有回去，那你可就要去问问汉水了！"这已经是对齐国赤裸裸的蔑视。交涉无果，双方展开激战。

起初，齐国占有优势，但楚成王命名将屈完率军，很快便扭转了战局，双方陷入对峙状态。这时，齐桓公开始动用心理战术，向屈完夸耀齐国的军力，想要以此打击对方的信心。但是，屈完却不卑不亢回答道："如果您的进攻是遵从道义，那么自然可以取得胜利；但如果不是，即便齐国再强大，楚国万众一心，以城池为要塞，以长江、汉水为沟壑，阁下又怎么进得来呢？"

齐桓公明白在短时间内很难击败楚军，长途作战又十分消耗物资，于是顺势和屈完缔结盟约，宣告了这次战争的结束。

四　葵丘之会，霸主殒命

与楚交战，齐军虽然没有取得战争的胜利，但此役过后，齐桓公的威望在众诸侯国中达到了顶峰。不久，齐桓公便在葵丘举行了两次盟会。两次葵丘之会中，周天子都派人参加，并给予齐桓公诸多赏赐，在事实上承认了齐桓公的霸主地位。

此时，齐桓公放眼天下，觉得没有一个国家可以做自己的对手，野心越发膨胀起来。他说道："寡人南征北战，东伐西讨，各诸侯国没有谁敢违背寡人的命令。且寡人曾主持三次军事会盟，六次和平会议，正是通过这么多次的盟会，才维持了各国间的和平。我的行为，和夏商周三朝的君王又有什么区别呢！我想要祭祀泰山！"

在当时，祭祀泰山是只有圣王才可以做的事情。齐桓公如果这样做了，必定会将周王室置于尴尬的境地，这显然和管仲一直宣称的"尊王攘夷"战略不合。

于是管仲劝谏齐桓公："国君，祭祀泰山有百害而无一利，只会让齐国陷入险境，却无法取得实质上的利益，您万万不可这样去做呀。"但是野心膨胀的齐桓公并没有听从管仲的建议，坚持要行封禅之事。

管仲又对桓公说："如果您真的要行封禅之事，那么您就先要获取远方的奇珍异宝，在封禅的时候把它们献给天地，这样才能够举办封禅仪式。"齐桓公觉得管仲的话很有道理，便没有立刻封禅，而是派人去找奇珍异宝。

不久之后，管仲病重。齐桓公去探望管仲，并向他询问继任丞相的合适人选："管子，在您走后，您觉得谁可以接替您的位置？"管仲回答道："若论对群臣的了解，没有一个人比得上国君您。不知道您认为谁合适担任丞相之职？"

齐桓公试探道："您觉得易牙这个人怎么样？"管仲否决道："为

了迎合君王，杀害自己的儿子，这种事情有违情理，易牙不足以担此大任。"

齐桓公又提议道："那您觉得开方怎么样？"管仲回答道："为了侍奉君王，居然背叛自己的亲人，这样的人，怎么敢有人和他亲近呢？国君，您要小心这样的人物啊！"

对自己提议的接连被否，齐桓公略有不悦，最后提议道："那你觉得竖刀（一作竖刁）这个人怎么样？"管仲拖着沉重的身躯，最后谏言道："自残伤害自己的身体来侍奉君王，这不是正常人能做出来的。国君，您一定要远离这个人啊！"

对于管仲的殷殷劝谏，齐桓公并没有放在心上，而是与这三个人越发亲近。管仲去世以后，齐桓公又对这三个人委以重任，使得他们逐渐掌握了朝堂的权势。

管仲去世两年后，齐桓公也过世身亡。在他死后，他的五个儿子为了争夺国君之位，彼此争斗。最后，易牙与竖刀仰仗自身权势，大肆屠杀异己，拥立公子无诡为新一任齐国国君。无诡成为齐国国君后，命人将齐桓公的尸体收敛，入棺下葬。此时，距离齐桓公去世已经过去了六十七天，他的尸体也在床上搁置了六十七天。一代霸主，死后竟落得如此境地，不禁令人唏嘘。

原典精选

　　冬十二月，襄公游姑棼（fén），遂猎沛丘。见彘^①，从者曰"彭生"。公怒，射之，彘人立而啼。公惧，坠车伤足，失屦^②。反而鞭主屦者茀（fú）三百。茀出宫。而无知、连称、管至父等闻公伤，乃遂率其众袭宫。逢主屦茀，茀曰："且^③无入惊宫，惊宫未易入也。"无知弗信，茀示之创，乃信之。待宫外，令茀先入。茀先入，即匿襄公户间。良久，无知等恐，遂入宫。茀反与宫中及公之幸臣攻无知等，不胜，皆死。无知入宫，求^④公不得。或见人足于户间，发视，乃襄公，遂弑之，而无知自立为齐君。

——《史记·齐太公世家第二》

注释

　　①彘：原指大猪，后来指一般的猪。

　　②屦（jù）：古代用麻葛制成的一种鞋。

　　③且：暂时。

　　④求：设法得到。

译文

　　十二月的时候，齐襄公去姑棼游玩，接着去沛丘打猎，见到野猪，侍者说："这是彭生！"齐襄公非常生气，向野猪射箭，野猪像人一般站立并怒吼。齐襄公害怕，从马车上掉了下来，扭伤了脚，丢失了鞋。他反而把负责管理鞋子的侍者茀鞭打了三百下。茀走出行宫。而无知、连称、管至父等人听说齐襄公受了伤，就率领众人偷袭行宫。遇到茀，茀说："先不要进入惊扰行宫，惊扰行宫就不容易进去了。"无知不相信，茀便向他展示伤痕，无知这才相信。无知等人等在宫外，让茀先进去。茀进去后，就把齐襄公藏在了房间里。很久，无知等人害怕，于是进入行宫。茀反而与行宫里齐襄公的护卫一起进攻无知等人，没有胜利，全部战死。无知进入行宫，到处找不到齐襄公。有人看到房间里有一只腿，拉出来一看，果然是齐襄公，于是就把他杀掉了。而无知自立为齐国国君。

知识拓展

公子、公孙是一种什么称呼？

公子、公孙是春秋战国时期对诸侯之子的一种尊称。一般而言，诸侯的儿子称为公子，公子的儿子称为公孙。无知被称为公孙无知，而与他同辈的纠、小白却被称为公子纠和公子小白，就是因为无知的父亲夷仲年是公子，而公子纠与公子小白的父亲齐釐公是诸侯。

第二章 一代枭雄 因情生祸——晋献公

晋献公姬诡诸，是春秋时期晋国的国君。晋献公在位期间，诛杀公室，任用贤才，对内积极扩军，对外开疆拓土，使晋国的国土面积扩充了数倍，奠定了晋国的霸业。晋献公是一位知人善用、积极听取臣下建议的贤良之君，但是君王的职责之外，他也只是一个饱受儿女情长折磨的普通人。晋献公因过分宠爱和信任骊姬，导致父子失和，最终为晋国埋下了祸根。

一 诛杀公室

公元前 677 年，晋献公的父亲晋武公去世，晋献公继位。晋献公继位之后做的第一件大事，便是诛杀了自己的许多同族。

晋献公继位后不久，晋国大夫士蒍（wěi）便对晋献公进言道："以前晋国的公子、公族还有很多，如果不将他们诛杀干净，很可能会有祸乱发生。"

▲西周晋侯鸟尊。鸟尊的盖内和腹底铸有铭文"晋侯作向太室宝尊彝"。这件鸟尊的主人是第一代晋侯燮（xiè）

晋献公自然明白士蒍的话是什么意思。他知道，自己的国君之位，并非名正言顺获得。早在晋穆侯的时候，晋国的血脉就分成了两支，其中一支继承了国君之位，而另一支被分封到了曲沃之地。晋献公的祖上正是被封到曲沃的这一脉。为了取得晋国国君之位，晋献公的祖先从曲沃多次起兵，经过三代人六十七年的奋斗，才终于取得战争的胜利。在晋献公父亲武公（当时还只是曲沃的封君）的时代，武公先后杀死三位晋国的国君，并向周王行以重贿，才被周王封为晋国国君。晋武公去世后，又把王位传给了晋献公。

因此，晋献公对于自己能否坐稳王位也很是忧虑，士蒍看出了晋献公的犹豫，又说道："君上，如今朝内还有许多前朝旧部，他们参与国事，却心存怨恨，今日如果不将他们一网打尽，日后，他们很有可能会瞄准时机，发动暴乱，到时候国家就危险了。"

士蒍的话，晋献公深以为然，于是立刻下令，让士蒍率领卫士各处缉拿晋国的公族，势要将他们屠杀殆尽，但还是有少数公子出逃去了虢（guó）国。

二　假途灭虢

晋献公对虢国可谓积怨已久。虢国曾多次出兵帮助晋国旧主攻打曲沃一脉。现在，虢国又收留了出逃的晋国公族，还为了这些公族不断向晋国发起挑衅。

▲耸肩尖足空首布　春秋　晋

　　晋献公想要立刻下令攻打虢国，但是士蒍却认为此时还不是攻打虢国的最好时机，先发展自己的国力和军事实力才是上策，于是晋献公听取了士蒍的建议。随后的十年里，晋献公励精图治，一方面任用贤臣，革新政治；另一方面积极扩充军备，发动对外战争，使晋国版图不断扩张。

　　十年过去了，晋国的军事实力已经远胜往昔，但是为保险起见，晋献公并没有选择直接强攻的方式，而是命大臣荀息将一份贵重的礼物——晋献公最喜爱的名马，进献给虞国的国君，希望虞国可以把道路借给晋国军队通行，这样晋军就不需要绕路而直达虢国。

　　虞国同意了晋国的请求，借路给晋国。晋军很快便攻占了虢国的下阳之地。但此时晋国的军力还不足以攻下整个虢国，就没有继续打下去，而是选择了撤军。

三年之后，晋国再次向虞国请求借道。但这一次，晋国的请求就不像上次那么顺利了。

虞国大夫宫之奇知道晋国攻打完虢国，一定会向虞国下手，便向国君劝谏道："我们不能够再把道路借给晋国，不然只会导致虞国的灭亡。"

虞国国君不解地问道："我们和晋国都是姬姓的后人，我们有共同的祖先，晋国是不可能进攻我们的。"宫之奇继续劝道："是，晋国和虞国是同姓，但是您不要忘了，虢国的国君也是姬姓啊，虢国和晋国也有血缘关系呀。可如今，虢国都要灭亡了，晋国又怎么可能会对虞国手下留情呢？况且，您想，即便虞国和晋国再亲近，又怎么会有晋国公族和晋献公的关系亲近？桓叔和庄伯的族人又没有做错什么，却要被全部杀掉。所以，我们不能够完全听信晋献公的话呀！虢国和虞国，就像嘴唇和牙齿的关系，如果嘴唇没有了，牙齿就离灭亡不远了。"

但是虞国国君最终没有选择听取宫之奇的建议，还是把路借给了晋国。

晋国灭掉虢国以后，在回去的路上，突然对虞国发起进攻，很快便灭掉了虞国，并俘虏了虞国的国君。而那匹曾经送给虞国国君的宝马，自然也回到了晋国之手。

荀息牵着曾经送人的宝马，缓步来到晋献公的面前。晋献公摸着宝马，对荀息说道："马还是那匹马，不过和你一样，老喽。"

三 独宠骊姬

晋献公既有杀伐决断之谋，又深谙隐忍之道，堪称枭雄，但枭雄也有自己的软肋。晋献公的软肋就是他最爱的女人——骊姬。

晋献公五年（前672年），晋献公率军攻打骊戎，骊戎不敌，便向晋国献上骊姬姐妹求和。骊姬姐妹进宫之后便得到晋献公的喜爱，骊姬更是受到晋献公的专宠。后来，骊姬生下了一个儿子，奚齐。

老来得子，晋献公大喜过望，对奚齐十分喜爱，并有意将奚齐立为太子。为了将奚齐立为太子，他必须先将现在的太子申生调离都城。为此，他召来了自己的三个儿子，其中就有太子申生。

晋献公对他们说："曲沃是我们先祖宗庙所在，蒲城紧邻秦国，屈城与翟国接壤，如果这三个地方没有我信赖的人驻扎，我总是寝食难安。"言外之意是希望自己的儿子们可以去这些地方驻守。几个儿子自然不敢违背父亲的意思，于是，晋献公便将太子派去了曲沃，让另外两个儿子去了蒲城和屈城。后来，晋献公命太子掌管军队，四处出击，伐敌灭国。在太子建立不世之勋后，晋献公命令工匠为太子在曲沃营建新城。这明显是想要让太子留在封地里，为自己的更立太子做准备。

为了让骊姬高兴，晋献公私下对她说："我很快就要废掉现在的太子，改立奚齐为太子了。"

谁知道骊姬非但没有高兴，反而失声痛哭："晋国太子的人选，是诸侯早已知道的事情。况且太子曾数次率领军队作战并取得胜利，威望过人，又得到国中贵族和大臣的拥护，您怎么可以因为我的缘故就改立太子呢？且太子是嫡子，奚齐不过是庶子，哪里有被立为太子的资格呢？如果您一定要这样做，那我就死在您的面前！"

晋献公被骊姬的善良与识大体所感动，越发坚定了改立太子的决心，同时也有了立骊姬为后的心思。

四　父子反目

骊姬虽然表面上赞扬太子，私底下却命人在晋献公面前诋毁太子。她还找到太子，对他说："国君梦见了您的母亲。您赶紧去曲沃祭拜您的母亲，然后将祭品带回来献给国君。"太子的母亲在太子还很小的时候便去世了，葬在了曲沃。

太子在曲沃恭敬地祭拜了自己的母亲，并将祭品带回来，想献给自己的父亲。但当时晋献公正外出打猎，不在宫里，于是太子就把祭品摆放在宫里，便离开了。骊姬趁着无人看管的时刻，偷偷命人在祭品里加了毒药。

两天之后，晋献公打猎回宫。御厨将做好的祭品呈给晋献公，晋献公胃口大开，正欲享用大餐，骊姬突然在一旁说道："祭品是从很远的地方来的，安全第一，还是应该检测一下。"晋献公认为骊姬言之有理，便命人牵了一只狗过来，切了一小块肉丢给小狗，谁知道小狗吃掉后立刻口吐白沫。骊姬又不信邪，命人将一小块肉塞进一旁的宦官嘴中，宦官暴毙而亡。

晋献公见状，大吃一惊。

骊姬拜倒在地，向晋献公哭诉道："太子的心好狠啊！您年事已高，王位迟早都是他的，他居然连这点时间都等不及了！竟然想要杀掉您！"

见晋献公没有什么反应，骊姬又哭道："太子之所以做出这样的事情，一定是因为我和奚齐的缘故。请国君恩准，允许我和奚齐一起离开晋国，去别国避祸。如果继续留在晋国，我们一定会沦为太子的鱼肉，任由他宰割。我还不如早早死了呢！当初您想要废掉太子，我居然还横加阻拦，我真痛恨当初的自己。"

晋献公不相信太子能做出这样的事来，他命人将太子带到自己面前，打算亲自质问太子。但太子听闻国君遇害，心生恐惧，连忙便逃回了曲沃。这下晋献公更加认定此事是太子所为，愤怒之下，命人杀掉太子的老师杜原款。

在曲沃，有人问太子："给肉里下毒的明明是骊姬，您为什么不在国君面前申辩呢？"太子说："父亲年纪大了，如果没有骊姬，他睡觉睡不安稳，吃饭也没有味道。即便我在他面前辩解，也只会让他更加生气，所以我不能这么做。"又有臣子建议道："您可以逃往其他国家。"太子摇头说道："背着弑父弑君的骂名，又有哪个国家会接纳我呢？我只有一死。"于是，太子自杀身亡。

公元前651年，晋献公因病去世。去世之前，他对荀息说道："我想让奚齐继承国君之位，可是他的年纪还小，朝中大臣也不服他，我害怕我死后会有人造反。我想把他托付给你，你能助他顺利继位吗？"

荀息点了点头，说道："谨遵国君之命。"

晋献公追问道："你拿什么向我保证？"

荀息坚定说道："我以我的生命向您保证，即便是死，我也会兑现这个诺言！"

听到这番话，晋献公下令，奚齐为晋国的下一任国君，任命荀息为丞相，主理晋国朝政。

原典精选

是岁也，晋复假①道于虞以伐虢。虞之大夫宫之奇谏虞君曰："晋不可假道也，是且②灭虞。"虞君曰："晋我同姓，不宜伐我。"宫之奇曰："太伯、虞仲，太王之子也，太伯亡去，是以不嗣③。虢仲、虢叔，王季之子也，为文王卿士，其记勋在王室，藏于盟府。将④虢是灭，何爱于虞？且虞之亲能亲于桓、庄之族乎？桓、庄之族何罪，尽灭之。虞之与虢，唇之与齿，唇亡则齿寒。"虞公不听，遂许晋。

——《史记·晋世家第九》

注释

①假：借。

②且：将要。

③嗣：继位，继承。

④将：如果，假如。

译文

这一年，晋国再次向虞国借道讨伐虢国。虞国大夫宫之奇向国君劝谏道："我们不能够向晋国借道，这会导致虞国的灭亡。"虞国国君说："我们和晋国有同样的祖先，晋国是不会讨伐我们的。"宫之奇说："太伯、虞仲，都是太王的儿子。太伯出走，所以没有继承君位。虢仲、虢叔，都是王季的儿子，文王的卿士，他们对周王室的功勋，记录就藏在盟府。如今虢国就要灭亡了，晋国又怎么会对虞国手下留情呢？况且虞国和晋国再亲近，哪里会有桓叔和庄伯的族人亲近？桓叔、庄伯的族人有什么罪过，已被全部杀尽了。虞国和虢国，就像嘴唇和牙齿的关系，如果嘴唇没有了，牙齿就离灭亡不远了。"虞国国君不听宫之奇的建议，还是把路借给了晋国。

知识拓展

骊姬的封后之路

　　古人迷信，在重大事件上通常要占卜以测定吉凶。据说在晋献公立骊姬为夫人前，曾派人占卜。卜者利用龟甲占卜，得到不好的结果；于是晋献公命他改用蓍（shī）草再次占卜，得到好的结果。于是，晋献公就命占卜的人按照好的结果来宣告。占卜的人劝谏晋献公说："蓍草占卜的结果不如龟甲准确，不如还是按照龟甲的占卜结果办吧。况且龟甲占卜的卦辞说：'专宠过度，会给您带回祸患。'这是敬告您切不可立骊姬为夫人啊！"但是晋献公并没有听从卜者的建议，仍坚持立骊姬为夫人。

▲殷墟般无咎全甲刻辞

第三章 重用贤良 大器晚成 —— 晋文公

晋文公重耳，春秋五霸之一，与齐桓公并称为『齐桓晋文』，是中国历史上的重要人物。晋文公在位时间只有九年，但他宽厚仁和，重用贤臣，内修政治，外抗强敌，一举击退楚国的进攻，自此开启了晋国的百年霸业。

一 流亡路

晋文公重耳是晋献公的儿子，因被骊姬嫉恨，遭到骊姬的诬陷，被晋献公追杀，不得已逃离晋国，开始了长达十九年的流亡生活。

晋献公去世以后，骊姬的儿子奚齐、悼子相继被立为晋国国君，但都被大臣杀掉。后来，夷吾（重耳的弟弟）在秦穆公的支持下，回到晋国，继承君位，是为晋惠公。此时，重耳仍流亡在翟国。

尽管是亲兄弟，但是夷吾登基后，十分害怕重耳会篡夺他的君位，便派人追杀重耳。重耳听到这个消息后，与追随他的大臣赵衰等人商量，决定离开翟国，去齐国。在出发之前，重耳对他的妻子说："你留在这里等我，如果二十五年后，我还不回来，那你就另外嫁人吧。"他的妻子笑着说："二十五年以后，我坟头的柏树估计都长大了。不过尽管是这样，我还是会等你。"这时，重耳五十五岁，他已经在翟国流亡了十二年。

重耳等人到达齐国的时候，正是齐桓公执政后期。齐桓公对重耳非常重视，把齐国宗室之女齐姜嫁给他，并赠给他二十驾马车。于是，重耳就在齐国安心地住下。几年之后，重耳已经习惯了那里安逸的生活，不愿再离开齐国。

跟随重耳流亡的赵衰、咎犯等人对此心急如焚。一日，他们聚在一起谋划离开的事宜。齐姜的侍女听到了他们的讨论，就把这些话告诉了齐姜，没想到齐姜听后杀了侍女，并劝重耳尽快离开齐国。

重耳拒绝道："人生最重要的就是安稳和快乐，其他都不足为道。我一定要死在齐国，决不离开！"

齐姜说："你是一国的公子，因为一时的苦难而来到齐国，数十人跟随着你，把你看作他们的性命，你不想着赶紧回国，报答这些臣子，反而因为贪恋安逸驻留在齐国，我都为你感到羞耻！况且，如果你不去追求国君之位，你又怎么能够建功立业呢？"

重耳听后，依旧不为所动。

于是齐姜和赵衰等人商量，把重耳灌醉之后，抬进车里，由赵衰等人连夜驾车把重耳带离了齐国。等到车辆走了很远的路程，重耳才从酒醉中清醒过来。环视四周之后，重耳大发雷霆，想要杀掉咎犯（亦称狐偃，晋国大臣，重耳的舅舅）。

咎犯笑着说："如果杀掉我能够成就您，那么我情愿一死。"

重耳咬牙切齿道："这件事如果不成功，那么我可就要吃舅舅的肉了。"

咎犯继续笑着说："事情如果不成功，我的肉那么腥臊，你哪里吃得下去啊！"

这年，重耳六十岁。

二 回国路

重耳终于踏上了回国的旅程。这一路，重耳经过了数个国家，一路颠沛流离，让他感受到了人间冷暖与生命无常。

他们路过曹国时，曹共公对重耳非常不尊敬，他听说重耳的肋骨紧紧地连在一起，就像是一块骨头似的，忍不住想要偷偷看一看。

曹国大夫釐（lí）负羁说："重耳非常贤明，况且与我们是同姓，现在因困顿经过我国，我们怎么可以对他无礼呢！"

曹共公不听，于是负羁私下馈赠给重耳他们食物，并在食物下放了一枚玉璧。重耳接受了食物，但是把玉璧退了回去。

他们经过宋国时，宋国正与楚国处于胶着状态，宋襄公在泓地受了伤，但宋襄公对重耳的贤明早有耳闻，用招待国君的礼节去招待重耳。

宋国的司马公孙固与咎犯关系很好，对咎犯说："宋国本就是个小国，最近又处于困难时期，对于帮助公子即位国君没有多大作用，你们还是去大国看看吧。"于是重耳一行人继续前进。

他们经过郑国，但郑文公不愿接待重耳一行人。郑国大夫叔瞻劝谏道："重耳非常贤明，跟随着他的人也都是国家栋梁，况且晋国和郑国是同姓，我们理当予以帮助。"郑文公说："诸侯流亡的公子那么多，我也不能对谁都以礼相待吧。"叔瞻说："国君如果不能以礼相待，不如现在就把他们杀掉，不然迟早会给郑国带来灾难。"郑文公没有听他的话。

他们来到了楚国。楚成王以对待诸侯的礼节招待重耳，重耳连称不敢。赵衰说："您流亡在外十几年，那些小国都轻慢您，更何况是大国呢？但现在，像楚国这样的大国却这样对待您，您千万不要推辞了，这是上天要让您做国君啊！"于是，重耳便以客礼与楚成王相见。楚成王对重耳越是表示尊敬，重耳就越发感到愧疚。楚成王说："你马上就要回国了，你要如何报答寡人呢？"

重耳说："鸟羽、兽皮、珠玉、丝帛一类的东西，您已经有很多了，我实在不知道该拿什么来报答您。"

楚成王说："话虽如此，难道你就不回报了吗？"

重耳说："这样吧，日后如果不得已，跟您在战场上兵戎相见，我必当后撤九十里。"

楚国将领子玉听到这番话，非常生气："我王对公子如此看重，重耳却出言不逊，请允许我杀掉重耳。"

楚成王说："晋国公子如此贤明，虽然因故流亡在外，但是跟随着他的都是国之重臣，这是上天要让他做国君，怎么可以杀掉呢？而且我的话都说出去了，君无戏言，怎么可以改变呢？"

重耳在楚国待了几个月后，发生了晋国太子圉（yǔ）从秦国逃走的事情。秦国十分愤怒，听说重耳在楚国，便派人邀请重耳去秦国。

楚成王说："楚国离晋国太过遥远，中间要经过数个国家才能到达。但是秦国和晋国接壤，秦国国君又十分贤明，你不如就答应他们，动身去秦国吧。"楚国以厚礼送重耳离开。

重耳一行到了秦国，秦穆公将秦国宗室的五个女子都嫁给重耳，太子圉的妻子也在其中。重耳不想接受，但是跟随他的司空季子说："我们都要去夺取他的国君之位了，他的妻子又算得了什么？况且眼下当务之急是与秦国结亲，有了秦国的帮助我们才好回去抢夺君位，您不要因小失大，拘泥于小节，而忘了曾经的耻辱！"于是重耳接受了秦穆公的赠与。

秦穆公非常高兴，与重耳一起欢宴。酒宴之上，赵衰唱起了《黍苗》，秦穆公说："我知道你们急着回晋国。"赵衰与重耳离席，对着秦穆公拜首道："我们盼望国君，就像植物渴望着一场及时雨啊！"不久，晋惠公去世，太子圉继位，是为晋怀公。

晋国许多大夫听说重耳到了秦国，便私下和重耳、赵衰等人联系，希望他们尽快返回晋国，称晋国有许多人愿意做内应，迎接公子重耳回国，于是秦穆公派兵护送重耳归晋国。晋国听说秦国派兵来了，立刻发兵与秦国相对，但大家私下里都知道是重耳要回来了。只有晋惠公以前看重的臣子吕甥、郤（xì）芮等人不想让重耳继承君位。

第二年的春天，秦国送重耳到达黄河边，咎犯说："我跟着您周游天下，犯过很多错误。那些错误我自己都知道，更何况是您呢？所以请让我现在就离开吧。"咎犯这么说是想要提醒重耳，不要秋后算账。重耳随即领悟了咎犯的意图，发誓道："如果我归国以后，不能够与你一起共富贵，就让我死于河里。"说完，将一块随身的玉佩丢在河里，让河神见证他的誓言。

▲晋文公雕像

同样追随了重耳一路的介子推听到了他们的谈话，摇头说道："公子能够继承国君之位，明明是上天的旨意，咎犯却以为是自己的功劳，还要借此向公子邀赏，真是丢人。我可不想和这样的人一起共事。"于是介子推选择了悄悄离去。

不久，重耳一行人与晋国的各位大臣相见，重耳、秦国使臣和晋国大臣三方一起举行了盟誓，之后重耳接管了晋国的军队，并去宗庙祭祀，宣布自己为晋国的国君，是为晋文公。

面对众叛亲离，晋怀公只得出逃，但还是被晋文公派出的人杀死了。

三　收人心

晋文公在曲沃宣布继承国君之位，大臣们都前往朝拜以示服从。但吕甥、郤芮本来就不拥立文公，知道文公继承国君之后，害怕被其诛杀，于是就与自己的党羽一起谋划，想要纵火把晋文公烧死。晋文公对此却毫不知情。

曾经追杀过晋文公的宦官履鞮（jù dī）知道了吕、郤等人的谋划，想要将此事告知文公，以此弥补自己曾经犯下的过错。他为此求见晋文公，但晋文公并不想见他，并派人责备他："在蒲城的时候，你斩去了我的衣袖。之后我逃去翟国，你又为晋惠公来追杀我。惠公给你的期限是三天到达，可你一天就到了，你是多想杀掉我啊？你自己好好想想吧。"

屦鞮说："我不过一个刑余之人，侍君以忠，绝不敢有二心，所以才得罪了您。如今您已经回国，难道就不会有蒲城、翟国之事发生吗？况且管仲曾经欲射杀齐桓公，但齐桓公依然重用管仲，方能称霸诸侯。今日，我有要事禀告，国君却不见我，小心又要大祸临头了！"

听到这番话，晋文公接见了屦鞮，屦鞮随即将吕甥、郤芮等人想要谋害晋文公的事情如实相告。晋文公想要召见吕、郤二人，但想到吕、郤二人党羽众多，自己又是刚刚继承国君之位，害怕会有大臣出卖自己，便微服私行，和秦穆公在王城见面。不久，吕甥、郤芮等人果然造反，放火烧了晋文公的住处，晋文公却不在宫殿之内。晋文公的侍卫和吕、郤等人交战，吕、郤等人想要率军出逃，被秦穆公骗到黄河之上杀死，晋文公这才放心回到了晋国。这年夏天，晋文公派人去秦国把夫人接了回来。秦国又送给晋文公三千人作为护卫，以防备晋国的内乱。

晋文公做国君之后，注重对群臣施惠，收揽人心。那些曾在他流亡期间追随过他并且立下功劳的大臣，按照功劳大小，被分别赐予封地和爵位。

追随晋文公流亡的小臣壶叔没有受到赏赐，心存怨恨，于是假装对晋文公告罪："君上多次进行封赏，但都没有我的名字，敢问可是臣犯了什么错误？"

晋文公说："用仁义教导我行事，用德惠防止我犯错的，受上赏。用自己的切身行为辅佐我，使我得以继承君位的，受到次赏。冒着枪

▲南宋·李唐《晋文公复国图》

林弹雨，为我立下汗马之劳的，受到再次一级的封赏。如果只是跟着我但却对我没有什么用处的，受到更次一级的封赏。多次封赏之后，才轮到你啊！"晋国的大臣听到这番话，都十分赞同。

四　定霸业

晋文公四年（前633年），楚成王进攻宋国，宋国公孙固向晋国求援。晋国大夫先轸（zhěn）兴奋地说道："报答恩情，确立霸业，就在今日！"

狐偃对此出谋划策："楚国刚取得曹国，并和卫国缔结姻亲，如果我们攻打曹国和卫国，楚国一定会去救援，那么宋国的灾难就可以解除了。"

随后，晋国向卫国提议借道以进攻曹国，但卫成公并没有同意。于是晋国向南渡过黄河，攻入曹国，并攻伐卫国。楚国派兵救援卫国，但没有成功。晋国接着进攻曹国。攻入曹国后，晋国责备曹国国君当时不听釐负羁的建议，对晋文公无礼，同时命令晋军不得踏入釐负羁同宗族的家庭，以报答他对晋文公的恩德。

不久，楚国再次包围宋国，宋国又一次向晋国告急。晋文公如果想要救援宋国，就不得不同楚国正面作战，但楚国对晋文公有恩，晋文公不愿意与楚国兵戎相见；可是宋国对晋文公也有恩，因此晋文公十分纠结。

先轸再次提出建议："抓住曹国国君，然后把曹国和卫国的土地分给宋国，楚国在意曹、卫两国，大势所趋，一定会放过宋国。"晋文公再次听从了先轸的意见，楚成王果然率军后退。

宋国之围虽解，但晋文公的行为却招致楚军将领子玉的不满。子玉对楚成王说："大王对晋文公十分优厚，但现在，他明明知道大王在意曹国、卫国，却还故意进攻曹、卫两国，这是对大王的轻慢！"

楚成王说："晋文公流亡在外十九年，饱经磨难，如今执掌晋国，什么艰难险阻不了解？能够善用他的臣子，这是上天给晋国的机遇，我们是挡不住的。"

但子玉并没有听从楚王的话语，反而向楚王请战："我不敢说我一定有功，但我愿意以我的行为堵塞那些悠悠之口。"楚王愤怒于子玉的不识趣，因此只给了他很少的军队。

子玉派使者宛春通知晋国："请让卫成公回国，并且把占领的曹国土地还回来，我也将放过宋国。"

咎犯说："子玉太无礼了！既想让卫成公回国，又想要曹国的土地，想得也太美了！不能答应他！"

先轸说："安定诸国方是礼。楚国这句话可以使得三国安定，你这句话却使三国动荡，那样就成了我方无礼。如果不答应楚国的要求，那就是要放弃宋国。我们应该先私下联络曹、卫两国，引诱他们，抓住宛春来激怒楚国，等战争胜利之后再来谈论其他。"

于是，晋文公抓了宛春，同时私下向曹、卫两国许诺，把他们的土地还给他们。曹、卫两国因此和楚国断绝外交。子玉听闻这个消息，十分生气，发兵进攻晋军，还未交战，晋军便先退后。

晋军众将不解："为什么要退？"

晋文公说："以前我在楚国的时候，和楚成王约定，如果有一天和楚国在战场上相见，我一定退避三舍。我怎么可以违背当初的诺言？"

楚军想要离去，但子玉不肯。

战争到了四月，宋国、齐国、秦国的军队和晋军会合，都到达了城濮。

至此，城濮之战爆发。

联军与楚国的军队交战，楚军失败，子玉收拾好残兵之后败退。

五月，晋文公将俘获的楚国俘虏献给周襄王，有战马百匹，步卒千人。周天子派大夫王子虎封晋文公为"伯"，并赐给他只有天子才能乘坐的车子、红色的箭矢百支、黑色的箭矢千支、美酒一坛、酒器、天子的守卫三百人。晋文公三次推辞，然后恭敬地跪拜接受。周天子还为他作了誓词。至此，晋文公称霸。

晋文公虽然在位只有九年，且登基时已是六十高龄，但他礼贤下士，重用贤才，虚心纳谏，在正确的时间做出正确的选择，使得晋国走上兴盛。

原典精选

介子推从者怜^①之，乃悬书宫门曰："龙欲上天，五蛇为辅。龙已升云，四蛇各入其宇，一蛇独怨^②，终不见处所。"文公出，见其书，曰："此介子推也。吾方忧王室，未图其功。"使人召之，则亡^③。遂求所在，闻其入绵上山中，于是文公环绵上山中而封之，以为介推田，号曰介山，"以记吾过，且旌^④善人"。

——《史记·晋世家第九》

注释

①怜：哀怜，爱。

②怨：不满意，责备。

③亡：逃跑，离开。

④旌（jīng）：表扬。

译文

介子推的侍从心疼他，便在宫门前悬书一封，上面写着："龙想要上天，有五条蛇辅佐他。现在真龙已经升天，四条蛇都各入房屋，但另外一条蛇却心怀埋怨，始终看不到自己的住处。"晋文公出来，看到了这封信，说道："这一定是说介子推。我当时心忧王室，忘了对他进行封赏。"于是晋文公命人去找介子推，但是介子推已经离去了。晋文公派人打听介子推的所在，听闻他去了绵上山中，于是就将此山附近的土地封给了介子推，作为介子推的封田，号称"介山"，并说："用这个来记住我的过失，同时表彰有功之人。"

知识拓展

寒食节的由来

寒食节是清明节的前一天，据说寒食节的来历与介子推有关。介子推辞官归隐后，晋文公才发现自己忘了奖赏介子推，于是便派人寻找，后来听说介子推上了绵山，为了逼迫介子推下山，晋文公便命人放火烧山，谁承想介子推就此丧生于火海之中。介子推的这种高雅的气节为百姓所敬仰，于是人们以介子推逝世的这一天作为寒食节来纪念他，后来节日主题逐渐由纪念介子推扩展到追怀自己去世的先人。在这一天里，人们一般不开火饮食，只是吃一些瓜果点心等凉食。

▲介子推雕像

第四章　修行仁义　无缘霸业——宋襄公

宋襄公子姓，宋氏，名兹甫，是宋国的第二十位国君。宋襄公是一名谦谦君子，他信守与齐桓公的诺言，护持齐国太子昭，助太子昭登基称君。宋襄公虽有称霸诸侯的野心，但过度在战争中追求公平，最终贻误战机，导致战败。宋襄公虽然没有像齐桓公、晋文公一样称霸诸侯的功业，但因为他有着仁义礼让的行事风度，被人们尊为春秋五霸之一。

一　君子让国

宋襄公是宋桓公的第二个儿子，却是宋国的太子。尽管他上面还有一个哥哥目夷，但是目夷的母亲地位低下，只是一个普通的侍妾。宋襄公的母亲是宋桓公的正妻，子凭母贵，因此宋襄公作为宋桓公的嫡子，顺理成章成了宋国的太子。

尽管如此，宋襄公深深地为自己的哥哥打抱不平，认为自己的哥哥才应该成为宋国的国君。在宋桓公去世的前一年，宋襄公向宋桓公建议，改立哥哥为太子，好继承国君之位。卧病在床的宋桓公看到自己儿子的所作所为，感到十分的欣慰。他知道自己的这个小儿子有一些迂腐，还时常冒出一些不合时宜的想法，但是对父母孝顺，对兄长恭敬，对待家人温和礼让，如今愿意让出君位给自己的哥哥。宋桓公想，有这样的国君，宋国即便不能变得强大，也不会更差吧。

抱着这样的想法，宋桓公拒绝了二儿子的建议，坚持由他来继承君位。宋桓公将这件事告诉了自己的大儿子目夷，希望目夷不要辜负弟弟的一片真心，以后真心辅佐弟弟，维护宋国的声望。

宋桓公去世后，宋襄公继位，同时任命自己的哥哥目夷为宋国的丞相。

二 戡（kān）平齐乱

宋襄公刚刚即位，就接到了齐桓公在葵丘举行会盟的通知。齐国是大国，宋国是小国，且齐国在齐桓公的带领下，以强大的国力，维持了诸国间的势力均衡，使得各国可以保持基本的和平。因此，宋与齐会盟，除了要向齐国纳贡，尊重齐国的领导地位，并没有其他坏处。

宋襄公虽刚继位，但宋国并不缺乏有识之士，所以宋襄公很快便认识到了参加会盟的好处，因此欣然前往。

盟会之上，宋襄公见到了当时的霸主齐桓公，很是钦佩齐桓公的气度与风采。齐桓公对这位初出茅庐的国君也颇有好感，他听说过宋襄公的让位美谈，知道这是一位真正的君子。

会盟之后，宋襄公意外得到了齐桓公的单独邀请。两人见面之后，相谈甚欢。交谈之中，齐桓公拜托宋襄公一件事："人的寿命是上天注定的，谁也无法更改。继位以来，我日夜忧惧，生怕辜负了先祖的期望，不能给齐国带来荣耀，因此我每时每刻都在关注齐国的发展，三十五年来，几乎没有睡过一个好觉。但是我已经感受到了自己的心力不济，大限将至，非人力所能为。即便如此，我还是有一件忧虑的事情，希望你可以帮我。"

面对齐桓公期盼的目光，宋襄公正襟危坐道："请讲。"

齐桓公说："我的太子，昭儿。他的年纪还小，在国内的势力也不深厚。我害怕我去世之后，齐国会陷入纷乱，他无法顺利地继承国君之位。我不希望这种事情发生，但是如果真的发生了，我希望你可以帮我照顾他。你不必帮他夺回国君之位，只要庇护他，让他平安地过完一生就好了。"

宋襄公肃然允诺："我答应您。我向您保证，我一定不会辜负您的信任。"

七年之后，齐桓公溘（kè）然长逝。齐桓公的五个儿子为了争夺国君之位，彼此征伐，一时之间，齐国陷入风雨飘摇之境。后来，在齐国大臣竖刀的支持下，公子无诡得以继承君位。齐国太子昭则依据自己父亲死前的嘱咐，出逃去了宋国。

宋襄公接纳了太子昭，并且在第一时间向诸侯发起了会盟，希望各国出于公义，可以一同出兵，护送太子昭回国，继承齐国国君之位。但是宋襄公的号召力有限，最后听从宋襄公号召而来的只有几个小国。即便如此，宋襄公也没有放弃自己心中的道义，带领着这几个小国家，发起了对齐国的战争。此时，齐国境内的四位公子得知宋襄公要起兵的消息，慌忙抛弃成见，集合在一起，妄图凭四人合力击败宋襄公。但是这四人没有得到齐国朝臣的支持，力量有限，终于在与宋襄公的战争中败下阵来。太子昭得以顺利登基，史称齐孝公。

三 宋楚之战

宋襄公助齐孝公登基以后，以为自己信义无双，名声必然在诸侯之间传颂，认为自己的威望足以接替齐桓公，便有了发起会盟争当霸主的想法。于是，宋襄公发起了鹿上之盟，号召各国在鹿上这个地方举行会盟。

会盟之时，宋襄公以盟主自居。宋襄公的哥哥目夷劝谏他说："宋国是小国，如果和齐国、楚国等大国争当盟主，恐怕会招致祸患啊！"宋襄公认为哥哥对当前形势认识不清，更没有认识到自己在诸侯间的威望有多强盛，因此并没有听从哥哥的建议。

不久之后，宋襄公再次发起会盟，此次的会盟地点在盂。目夷再次劝谏道："此次会盟，必然会有祸乱发生。君上您要小心，切不可骄傲自大，放松警惕。"宋襄公对哥哥的劝谏有些不耐烦，嘴上答应，但并没有放在心上。但是就在盟会之时，楚国抓住了宋襄公，而后对宋国发起了进攻。

虽然宋襄公被抓，但诸侯间的均势不能够被轻易打破，楚国也不愿与宋国结下生死之仇，因此很快就释放了宋襄公。

宋襄公回国之后，越想越气，听说郑国支持楚国作霸主，因此决定讨伐郑国。目夷再次进行劝谏，但是被愤怒冲昏头脑的宋襄公完全听不进去建议，只是顽固地发起对郑国的战争。

▲墨子像。墨子，春秋末期战国早期宋国人，目夷后代。他是墨家学派创始人，战国时期著名的思想家、教育家、军事家。他提出了"兼爱""非攻""尚贤""尚同""天志""明鬼""非命""非乐""节葬""节用"等观点，对后世影响极大

　　楚国知道宋国进攻郑国的消息，立即发兵进攻宋国。面对楚国的进攻，宋襄公显得跃跃欲试，想要一雪前耻。

　　这年冬天，宋、楚两国在泓水旁交战。宋军严阵以待，楚军则渡河而来。楚军还没有到达河岸，目夷进言道："楚军人多，我军人少，我们应该趁着楚军还没有渡河，立即发兵，打他们一个措手不及。"宋襄公摇头说道："我们乃是仁义之师，怎么可以在对手还没准备好的时候就发动进攻呢？不行。"

　　楚军渡河，但是队伍还未排列整齐。目夷再次劝谏道："现在是最好的进攻时机，我们应该立即发起进攻，机会稍纵即逝啊！"宋襄公还是摇头："对方的方阵还没有排列整齐，现在发起攻击，那就是对对方的屠戮，我们不能够做这样的事情。"

　　见到楚国军队排列整齐，宋襄公下令全军出击，但是面对着兵强马壮、训练有素且人数占优的楚军，宋军很快败下阵来。宋襄公还被流矢射中了大腿。

　　此战之后，宋国朝堂都对宋襄公不满。宋襄公解释说："君子之间的战争，听到鼓声后发起进攻，听到鸣金声便退兵，如果对方军队没有排列整齐，便不可以发起进攻。"大臣说："战争以胜利为最高标准，哪有什么君子之战！如果按照你说的，那还不如去给人家当奴隶，还打什么仗！"面对国人的怨言，宋襄公也无话可说，不知要如何辩解。

四　襄公之死

宋襄公受伤以后，便回到宋国休养。不久之后，他听说晋国公子重耳过境的消息。一方面，宋襄公知道重耳也是一个仁义君子；另一方面，宋襄公知道重耳很有可能继承晋国的国君之位，一旦重耳继位，那么强大的晋国必然能够庇护宋国。想到这里，宋襄公拖着受伤的身躯，以对待国君的大礼接待了还在逃亡路上的重耳。

宋襄公设宴款待重耳，在不经意间展露自己的创伤，表示自己行走艰难，希望重耳能够看出自己对他是多么尊重，并感受到宋国对他的情谊。

重耳一行人即将离去，宋襄公为他们准备了许多马车。重耳一行人长途跋涉，舟车劳顿，此举更让他们感受到了宋国的礼遇。重耳对宋襄公大礼参拜，表示感谢，而后离开了宋国。

看着重耳一行人离开的背影，宋襄公忍不住叹息。他希望重耳可以顺利继位，并且牢记今日宋国的情谊，如果宋国日后遭遇险境，希望他可以伸出援手，帮扶宋国。

不久之后，宋襄公便因为箭伤复发，撒手人寰。一代国君，就此离世。

原典精选

十三年夏，宋伐郑。子鱼曰："祸在此矣。"秋，楚伐宋以救郑。襄公将战，子鱼谏曰："天之弃商久矣，不可。"冬，十一月，襄公与楚成王战于泓。楚人未济①，目夷曰："彼众我寡，及其未济击之。"公不听。已济未陈②，又曰："可击。"公曰："待其已陈。"陈成，宋人击之。宋师大败，襄公伤股③。国人皆怨公。公曰："君子不困④人于厄⑤，不鼓⑥不成列。"子鱼曰："兵以胜为功，何常言与！必如公言，即奴事之耳，又何战为？"

——《史记·宋微子世家第八》

注释

①济：渡，过河。

②陈：排列，摆设。

③股：大腿。

④困：包围。

⑤厄（è）：艰危，灾难。

⑥鼓：击鼓进攻。古代作战听到鼓声则进攻，听到敲锣声则退兵。

译文

宋襄公十三年（前638年）的夏天，宋国讨伐郑国。宋国大臣子鱼说："祸患就在此事。"秋天，楚国进攻宋国以救郑国。宋襄公打算和楚国交战，子鱼劝谏道："上天已经抛弃殷商很久了，不能够和楚国交战啊！"十一月，宋襄公和楚成王在泓地展开作战。楚国军队还未渡河，目夷说："楚军人多，我军人少，趁着他们还没有渡河我们应该立即发动进攻。"宋襄公不听。楚军已经渡河但是还没有排列整齐，目夷再次说道："现在可以进攻了。"宋襄公说："等他们排列好阵势。"楚军阵势排列整齐，宋襄公命令军队出击。结果，宋军大败，宋襄公大腿受伤。宋国大臣都埋怨宋襄公。宋襄公解释道："君子不能够趁着对方危险的时候围困对方，不能在对方阵势没有排列整齐的时候发起进攻。"子鱼说："作战以胜利为最高标准，说那些有什么意义！如果一定要像您说的那样，和奴隶侍奉主子有什么区别，那打仗是为了什么？"

知识拓展

"天之弃商久矣"

为什么子鱼在劝谏宋襄公的时候会说"天之弃商久矣"？

原来，宋国的先祖是微子启，他是商朝最后一个王纣王的哥哥，但是纣王是嫡子，他只是庶子。周武王灭商之后，先是封纣王之子武庚承继殷商的祭祀，后来武庚叛乱，周公旦杀死武庚，让微子启代替武庚统治殷商的遗民，同时封微子启为宋国国君，至此，商国的名号消失，只留下宋国。因此子鱼在劝谏宋襄公的时候说"天之弃商久矣"，上天已经抛弃商朝很久了，这里的商朝就是指流着殷商血脉的宋国。

第五章 问鼎中原 一鸣惊人——楚庄王

楚庄王熊侣（亦有写作『旅』的），是春秋时期楚国国君。楚庄王在位期间，楚国国力达到顶峰，并击败晋国，他也成为『春秋五霸』之一。楚庄王的作为促进了中原文化和南方文化的交融，对于中华文化的形成具有重要意义。

一 一鸣惊人

楚穆王（楚庄王的父亲）在位期间，不断对外进攻，使得楚国的版图大为扩张，楚国国力不断增强。可惜楚穆王在位十二年便去世，其子楚庄王继位。

楚庄王继位之后，群臣们都期望楚庄王能够像先王一样，开创宏图霸业。哪知道楚庄王登基之后，整日饮酒作乐，不思进取，并且颁布命令："有敢谏言者，杀无赦。"于是，朝野之中无人敢对楚庄王劝谏。

三年过去了，楚庄王依然贪图享乐、不理朝政。

大臣伍举决定入宫进谏。进入宫殿，面对着左拥右抱、一副无赖样子的楚庄王，伍举没有直言冲撞楚庄王，而是巧妙地问道："大王，微臣听闻，有一种鸟，它站在土山上，三年里，既不飞，也不叫，真不知道是什么鸟。"

楚庄王说道："我知道这种鸟。它三年不飞，一旦起飞，就会冲上云霄；三年不鸣叫，一旦发声，便会令天下人震惊。"

楚庄王明白伍举的意图，伍举也明白楚庄王话中的意思，于是伍举乖乖退下了。

又过了几个月，楚庄王的行为似乎更加荒淫了。朝堂之上，大臣们人心惶惶。大臣苏从忍无可忍，也入宫进行劝谏。

楚庄王问道："你难道不知道我之前颁布的命令吗？如果敢劝谏，

▲清·边寿民《一鸣惊人》

杀无赦。"

苏从回答道："如果我的死亡能够让大王清醒，臣甘愿一死。"

楚庄王自然不会真的杀掉苏从，他将苏从扶起来，放苏从回去了。

之后，楚庄王开始远离享乐，专心国政。他很快罢黜（chù）了数百位大臣，又提拔了许多大臣，同时任命伍举和苏从处理朝政。至此，朝堂清明，民众欢欣鼓舞。

原来，楚庄王继位时根基不稳，朝中还有许多并不听命和服从于他的老臣，他的力量也无法与这些人对抗，于是他便装作贪图享乐、不理朝政的样子，来麻痹（bì）那些大臣，他自己则在暗地里积蓄力量。如此，才能够将那些不服从自己的大臣罢黜，真正掌握朝堂。

二　庄王问鼎

楚庄王掌握朝政之后，继续父亲的策略，不断攻伐周围的小国。楚国国威日盛，楚庄王也日渐骄纵。

登基第八年，楚庄王攻打陆浑戎，率军抵达洛阳。

洛阳是当时周天子的所在地。春秋时期，周王室力量衰落，因此各国对周天子只保持了表面的尊敬。

楚庄王在洛阳郊外陈列军队，意图向周天子夸耀武力。当时的周天子只好派王孙满去慰劳楚庄王。

楚庄王见到王孙满，询问九鼎的大小："据说周王室藏有九鼎，是天下至宝。不知道这九鼎大小、轻重如何，寡人是否有幸将其带回楚国赏玩一番？"

鼎在中国文化中具有极其特殊的象征含义，不同等级的诸侯、大夫能够使用的鼎的数量和大小有不同的规定，而九鼎，只有周天子才能够使用。楚庄王的这番问话，暴露出他觊觎（jì yú）周王室，想要取而代之的野心。

王孙满回答道："想要取得天下，是靠德行，而不是靠鼎。"

楚庄王笑道："只要周王不阻拦，拆下楚国军士武器上的钩子，就已经足够铸造九鼎了。"楚庄王暗指楚国军队战无不胜，靠军队就足以征服天下。

王孙满知道，他必须打消楚庄王这种大不敬的意图，不然只要有一个国家不尊重周王室，其他国家就会纷纷效仿。他说道："大王难道忘记了九鼎的历史吗？在舜和禹的时代，九州各国感念舜和禹的德行，纷纷前来觐见，并呈上贡金。大禹用这些贡金，熔铸成九鼎，在鼎上刻字画物，象征着九州一统，天下臣服。后来夏朝暴虐无道，九鼎被商朝所得。六百年后，商朝国政紊乱，被我周王室推翻，九鼎也被我周王室所得。周王室先祖曾经命人占卜，得到的结果是周王室会传三十世，七百年，这是天命所归。周王室力量虽然微弱，但是天命

▲商后母戊鼎，这是已知的中国古代最重的青铜器

未改。至于九鼎，还是保留在周王室吧！"

楚庄王明白，王孙满的这番话是在隐晦地告诉自己，如今周王室的力量虽然有所减弱，但是楚国却未必能够得到其他各国的臣服，如果拿到九鼎，很有可能就会遭受其他国家的进攻。在大势面前，楚庄王只好收敛自己的嚣张气焰，与王孙满拜别，率军回国。

三 终成霸主

从洛阳退军后，楚国继续发展，实力不断壮大。

楚庄王登基第十六年，陈国发生政变，大臣夏徵舒杀死了陈国国君。楚庄王大喜，打着为陈国国君报仇的旗号，率军进攻陈国，杀死了夏徵舒。

此时陈国已经在楚国的掌控之中。楚庄王决定趁势将陈国划分成楚国的县，大臣们纷纷恭贺，但大臣申叔时却没有去。

楚庄王觉得奇怪，楚国多了一个县，变得更加强大，明明是一件大好事，为什么申叔时不来恭贺自己？于是，楚庄王询问申叔时，是出于什么原因才不来恭贺自己。

申叔时说道："大王，臣听说民间有俗语，牵牛经过别人家的田，田主人牵走了那头牛。牵牛经过别人家的田固然不对，但牵走别人的牛不是更加过分吗？大王是因为陈国的动乱才率军进攻陈国，打着大义的旗号却贪图别人的土地，这种行为，还怎么取信于天下诸侯？"

听完这番话，楚庄王觉得很有道理。在长远的利益面前，确实不应该贪图眼前的小利，于是将陈国还给了陈国国君的后代。

登基第十七年，楚庄王率军进攻郑国，在包围郑国国都三个月之后，终于将其攻克。

楚庄王进入城门，看到的是裸露上身牵着羊迎接自己的郑国国君郑襄公。郑襄公向楚庄王恳求道："因为我未能侍奉大王，使得大王对郑国有怨，这才率军进攻郑国，这都是寡人的罪过。寡人今后一定对大王唯命是从！无论是让我流放南海，还是将我赐予他人为奴仆，我都不敢有怨言。只希望大王能够看在历代先王的份上，不要断绝郑国的祭祀，我的后人们一定会尽心侍奉大王的！"

所谓祭祀，是指郑襄公的血脉，郑襄公希望用自己的卑贱和臣服换取自己的后代继续执掌郑国。此举遭到楚国众大臣的反对，但是楚庄王力排众议："郑襄公能够如此卑贱地对待自己，一定也能够得到臣民的支持。我怎么可以断绝这样的人的祭祀呢？"楚庄王命令军队撤退，两国订立盟约。自此，郑国向楚国臣服纳贡。

听闻郑国和楚国缔结盟约，郑国向楚国纳贡，晋国感到自己的霸主地位受到了威胁。于是，晋国打着救援郑国的旗号，向楚国发起进攻。

晋楚之间早有恩怨，几十年前城濮之战的失败阻碍了楚国的扩张，至此，楚国再次迎来和晋国的大战。这一次，楚庄王率军赢得了战争的胜利，一举奠定霸主地位，楚国声望达到顶峰。

楚庄王登基的第二十年，宋国杀死了楚国的使者。楚庄王率军进攻宋国，包围宋国国都长达五个月，城中粮食消耗殆尽。即便如此，宋国民众甘愿杀身成仁，也不愿意投降楚国。宋国大臣华元出城，面见楚庄王，将城里的实情相告。

面对着平静的华元，楚庄王知道，即便自己攻入宋国，得到的只是一座死城。他感慨道："宋国真是君子之国啊！"于是率军退去。

三年之后，楚庄王去世。

每个时代都有英雄，楚庄王便是他那个时代的英雄。他的一生是战斗的一生，从初登大位时的隐忍，到地位稳固之后的进取，直至问鼎中原，饮马黄河，达到一生功业的顶峰。他知道自己想要什么，并且愿意为之而努力，如果暂时无法达成目标，他也不会怨天尤人，只是默默等待下一次机会。

原典精选

　　十六年，伐陈，杀夏徵舒。徵舒弑^①其君，故诛之也。已破陈，即县之。群臣皆贺，申叔时使齐来，不贺。王问，对曰："鄙语^②曰，牵牛径^③人田，田主取其牛。径者则不直^④矣，取之牛不亦甚乎？且王以陈之乱而率诸侯伐之，以义伐之而贪其县，亦何以复令于天下！"庄王乃复陈国后。

——《史记·楚世家第十》

注释

　　①弑：杀。古代专指臣杀君、子杀父母。

　　②鄙语：俗语，谚语。

　　③径：经过。

　　④直：正直，公正，合理。

译文

　　楚庄王登基的第十六年，征伐陈国，杀了夏徵舒。夏微舒杀了自己的国君，所以将其诛杀。楚庄王攻破陈国之后，便把陈国划分成楚国的县。众多大臣都来祝贺，申叔时出使齐国归来，不去祝贺。楚庄王询问，申叔时回答道："俗话说，牵牛经过别人的田，田主人牵走他的牛。牵牛经过别人家的田虽然不正确，但牵走别人的牛不是更过分吗？况且大王是因为陈国动乱才率领诸侯讨伐，凭借大义的旗号讨伐叛逆，获胜后却贪图人家的土地，这样还怎么号令天下？"于是，楚庄王把陈国还给了陈国国君的后人。

知识拓展

楚庄王葬马

楚庄王有一匹心爱的名马。他将这匹马放在华丽的房间里，给它穿上贵重的衣物，喂它精美的食物。不久，这匹马因为肥胖病死了。楚庄王十分伤心，命令大臣们按照大夫的礼仪为这匹马办理丧事。这种举动遭到臣子们的反对，但楚庄王下令："如果再有人因为这匹马的事情向我劝谏，我就判那个人死罪。"群臣们不敢再劝谏。

王宫里的乐人优孟知道了此事，面见楚庄王，刚一见面就放声大哭。楚庄王感到惊讶，问他发生了什么事？优孟哭道："我是为那匹马感到悲痛。我楚国是堂堂大国，作为国君最喜欢的马，葬礼居然这样草草地进行，臣感到十分痛心。所以臣请求大王，用国君的礼节去安葬它。用上好的玉石、精美的木头做它的棺材，命令百姓背负土块，让列国使节都来送葬，齐国的和赵国的在前引路，韩国的和魏国的在两侧护卫，在太庙里安放它的牌位，再赐给它上万户的封邑。如此一来，所有的国家都会知道大王是怎样的珍视爱马，又是怎样的轻贱人民了。"

楚庄王听了十分害怕，不敢置信道："我的错误已经到这种地步了吗？那我现在应该怎么办？要如何才能够补救？"

孟优说道："大王不用担心，既然是畜生，那就按照畜生的方式去安葬好了。放在锅里，佐以调料，配上饭食，把它安葬在大家的肚子里。这样就不会有人对大王有意见了。"

楚庄王听取了孟优的意见。

第六章 独霸西戎 奠定基业——秦穆公

秦穆公，名任好，是秦国历史上的重要人物。

他作战身先士卒，从政任用贤才，一举开创了秦国的基业，是当之无愧的霸主。春秋时期，秦国地处西域，中原各国强大，秦国无力向东发展，便向西进攻戎狄等游牧民族，为秦国的发展奠定了基础。

一 任用贤能

秦穆公的夫人是晋国太子申生的姐姐。为了表示对晋国的尊重，秦穆公娶亲时亲自率人去晋国迎亲，晋国也给秦穆公配备了丰盛的礼物，其中就有晋献公攻灭虞国之后俘虏的大夫百里奚。

谁知道百里奚在路上趁守备不严，逃走了。百里奚一路从秦国逃至楚国，但在楚国边境处被人抓住。秦穆公听说了这件事情，也知道百里奚是一个有才能的人，就想赎回百里奚。秦穆公怕显得太过重视百里奚，导致楚国有所顾忌，从中作梗，就装作轻蔑的样子，只是对楚国言称："听说给寡人夫人陪嫁的一个叫作百里奚的奴隶被你们抓住了，请把他还给我们，秦国愿意用五张黑公羊皮的代价作为交换。"

赎回百里奚后，秦穆公恭敬地向百里奚询问治国之道。此时，百里奚已是七十岁高龄。百里奚不欲回答，就推辞道："我不过是一个亡国之臣，哪有什么治国之道可以教授给国君？"秦穆公说道："虞国国君不听从您的教诲，所以才会导致虞国的灭亡，这又不是您的罪过。"秦穆公执弟子之礼，低声下气，给足了百里奚面子。

士为知己者死。百里奚看到秦穆公的样子，深受感动，便将自己的政治抱负和理政经验倾囊相授。这场讲授持续了三天，秦穆公大受启发，同时深感百里奚的才华出众，于是命百里奚掌秦国政务，并封他为"五羖（gǔ）大夫"。

▲潘振节《百里奚听琴图》

　　百里奚受到秦穆公的重用，十分感动，便向秦穆公举荐自己的好友蹇叔。经百里奚的介绍，秦穆公知道蹇叔也是一个有才能的人，便任命蹇叔为秦国的上大夫。

二　秦晋之战

　　晋国与秦国相邻，且是姻亲，因此关系十分亲密。此时的晋国国君是晋惠公，秦穆公夫人的弟弟。

　　秦穆公十二年（前648年），晋国发生饥荒，向秦国请求支援粮食。面对晋国的请求，秦穆公询问自己的大臣。丕豹建议道："国君您不应该把粮食卖给晋国，晋国大旱，实际上是上天给秦国的机会，我们应该立即发动对晋国的战争，机不可失啊！"秦穆公拿不定主意，便向百里奚请教。百里奚说："晋惠公得罪了您，但是跟晋国的平民有什么关系呢？如果您不给晋国粮食，晋惠公会饿肚子吗？受苦的不还是晋国的普通老百姓吗？而且饥荒是天灾，谁也不敢保证只有晋国会发生饥荒，而秦国不会。如果下次秦国发生了饥荒，谁来帮助秦国呢？"百里奚的话击中了秦穆公的心坎，虽然秦穆公想吞并晋国，但是他第一不愿意平民受苦，第二也是害怕自己的行为受到诸侯的谴责，可能会失去诸国的援助。因此他采用了百里奚的建议，帮助晋国度过了这次灾难。

两年之后，秦国发生了饥荒，秦穆公满怀期望地向晋国请求援助，认为晋国一定会给予秦国援助，但是结果让秦穆公大失所望。晋惠公认为这是进攻秦国的好机会，不但没有给予秦国援助，反而派大军进攻秦国。面对晋国的忘恩负义，秦国上下都十分生气。秦军同仇敌忾，与晋国军队展开了激战。

战场之上，晋惠公脱离部队向前，对秦军进行挑衅，结果一不小心，晋惠公的座驾被绊倒了。秦穆公一看，认为这是一个袭击的好机会，便率领亲卫进击晋惠公，谁知中途却被晋军包围。秦穆公身陷重围，左冲右突，都不得逃脱。正在秦穆公心中焦急的时刻，突然有三百名骑士冲出。他们骑术精湛，很快就冲破晋军的包围，救出了秦穆公，并且帮助秦穆公俘虏了晋惠公。

原来，这三百名骑士都曾受秦穆公的大恩。有一日，秦穆公丢失了一匹爱马，派人出去寻找。结果发现，他的爱马被一群野蛮人逮住吃掉了。逮住这群野蛮人之后，有官员提议要给他们刑罚，秦穆公却拒绝了这个提议，并说："马再名贵，也不过是牲畜，君子怎么可以因为牲畜的事情而去伤害人呢？"秦穆公主张这些人无罪，同时对这些人说："我听说，如果吃马肉却不饮酒，对身体不好。来人，端酒。"秦穆公没有追究他们杀马的责任，反而赐给这些人美酒。这些人深受感动。战争爆发时，他们听说秦穆公要和晋军开战，纷纷请求参军，与秦穆公一起出战。看到秦穆公深陷包围，为了报答秦穆公的恩情，这些人集合起来，向晋军发起了死亡冲锋。迫于这些人的气势，晋军纷纷躲避，给了他们救出秦穆公的机会。趁着气势如虹，他们带领着秦穆公的队伍继续进攻，终于俘虏了晋惠公。

三　秦晋之好

秦穆公俘虏晋惠公以后，为了维持诸国之间的均衡，周天子派人向秦国说情，希望可以放晋惠公回国，同时秦穆公的夫人，也就是晋惠公的姐姐也向秦穆公哭诉。秦穆公深思熟虑之后，认为杀掉晋惠公也不过逞一时之快，远不如放晋惠公回国有价值，于是释放了晋惠公。但是，秦国向晋国提出要求，晋国必须用河西的土地进行交换，并且晋惠公要派自己的太子去秦国做人质，这样秦国才会放了晋惠公。人在屋檐下，不得不低头。晋国选择了屈服，把河西之地献给秦国，同时派晋国太子去秦国，秦穆公也按照约定放晋惠公回国。

晋国太子圉（yǔ）到了秦国以后，为了加强秦国对晋国的影响，秦穆公把一名秦国的宗室之女嫁给了圉。几年之后，圉听说自己的父亲重病，就对他的妻子说："我母亲是梁国公室，但是梁国已经被秦国灭掉了，所以我没有母亲的家族可以依仗。我的兄弟有很多，等我父亲去世后，秦国一定会扣留我，而晋国的大臣则会毫不犹豫地立我的兄弟为国君。我现在必须走。你愿意跟我一起走吗？"圉的妻子说："我知道你有远大的抱负，留在秦国只会蹉跎你的岁月。但是我是秦国的宗室，我不能够背叛我的家族，所以我不能够跟你一起走，但是你走了，我也不会向秦国告密。"面对妻子的深情，圉还是决定偷偷离开秦国，回晋国为继位做准备。

晋惠公去世以后，圉顺利继承君位，称为晋怀公。

秦穆公知道圉逃走以后，非常愤怒，又听说晋国出逃的公子重耳在楚国，就命人去楚国迎接重耳。重耳到了秦国以后，为了加强与晋国的关系，也为了羞辱圉，秦穆公将原本圉的妻子，又嫁给了重耳，并帮助重耳登上国君之位。但是重耳继位以后，秦晋之好的关系并没有维系太久，很快便因为利益不同而刀剑相向。

四　秦郑大战

秦穆公帮助晋文公重耳继位以后，秦、晋的关系有所缓和。晋文公在位期间，意欲攻打郑国，秦国派军协助。秦、晋两国率军包围了

▶ 张大千《吹箫引凤》。相传秦穆公之女小名弄玉，极擅长吹笙，其声宛如凤鸣。某天夜里，弄玉在凤楼上吹笙，远远好似有和声传来，余音美妙，此后弄玉茶饭不思。秦穆公知道后派人找来这个少年——萧史，弄玉的病不治而愈。自此，弄玉天天在凤楼和少年合奏笙箫，伉俪应和。某一天夜里，两人正在月光下合奏，忽然有一龙一凤应声飞来，于是萧史乘赤龙，弄玉乘紫凤，双双翔云而去

079

郑国。郑国派说客去说服秦穆公："郑国距离晋国近而距离秦国很远。如果郑国灭亡了，那么能够得到好处的只有晋国，而秦国却得不到任何好处。晋国强大了，对秦国好吗？"听到这番话，秦穆公若有所思，国家与国家之间，虽然有信义可言，但最重要的无疑是利益。如果晋国强大，一旦秦晋爆发战争，那么秦国不一定挡得住晋国的攻势。思索之后，秦穆公便率军撤退。面对盟友的撤退，晋军不知所措，只好也选择撤退。秦穆公虽撤军队，但在内心深处，对郑国产生了觊觎之心。

几年之后，有一个郑国官吏想要投靠秦国，为了取得荣华富贵，决定出卖郑国。他对秦穆公说："我是郑国看守城门的守将，您可以偷袭郑国，我会打开城门接应秦军。"秦穆公听到这个消息，立刻找来大臣商议。

百里奚和蹇叔都对此表示反对。他们对秦穆公说："秦国若要派军偷袭郑国，就要跨越数个国家，几千里的道路，我从来没有听说有人这样做能够获利。况且，既然有人出卖郑国，您怎么知道不会有人把我们秦国的消息出卖给郑国呢？"

面对大臣的反对，秦穆公却显得颇为坚决："你们不懂，我已经下定决心了。"

秦穆公之所以与百里奚和蹇叔商议，不只是出于尊重他们的智慧，更重要的是秦穆公打算派出偷袭郑国的军队首领，正是百里奚和蹇叔的儿子。出兵之日，百里奚和蹇叔悲从中来，放声大哭。秦穆公十分生气："大军出征之日，你们居然哭哭啼啼，这不是诅咒我军必败吗？太煞风景了，你们这是做什么？"

百里奚与蹇叔哭着答道："老臣怎么会诅咒我秦国大军，况且我们的儿子也在大军之中，我们只是想到，我们年纪大了，如果秦军回来得太迟，我们估计已经死了。这样就见不到我们的孩子了，想到这里，才实在忍不住哭出声来。"

秦军到了滑地，遇上了郑国的商人弦高。弦高从郑国出发，赶着十二头牛要去周国卖掉，见到秦军以后，弦高非常害怕，因为秦军行动如此隐秘，为了防止走漏风声，一定会杀他灭口的。情急之下，弦高装作淡定的样子，先声夺人，对秦国军队行礼道："听说秦国打算进攻郑国，我国国君已经备足大军，做好防御，就等各位大驾光临了！因为害怕各位将军舟车劳顿，太过辛苦，特意命我献上十二头牛，犒赏秦国将士。"面对气定神闲的弦高，秦军的三位将军万万想不到这只是一位商人的装腔作势，只能认为郑国已经知道了秦国打算偷袭郑国的情报，这是在给秦国警告呢，于是便礼送弦高离开。

秦军原本是为了偷袭郑国，因此轻装简行，所带粮草不多。为了筹集粮草，三位将军率军进攻滑。而滑，正是晋国的边境小城。

面对秦军的暴行，刚刚即位的晋襄公十分愤怒——秦军趁着自己父亲去世居然如此欺侮晋国，是可忍孰不可忍，于是把丧服染成黑色，亲率大军进攻秦军，将秦军全数俘虏，无一逃脱。

晋文公的夫人，也就是那位被秦穆公嫁给晋文公的宗室之女，替秦国被俘的三位将军说情："秦穆公一定十分痛恨这三位将军，恨不得把他们做熟了吃掉！不如就放这三个人回去，满足秦穆公的心愿，让他亲手杀了这三个人。"晋襄公不好意思拒绝，便答应了她的请求，放了这三个人。

秦穆公自然没有杀这三个人，反而亲自去城门外迎接他们，哭着对他们说："我没有听百里奚和蹇叔的建议，使得你们三人受到这样的屈辱，你们哪里有错？都是我的错啊。你们不要有太多的顾虑，记住今天的耻辱，千万不要懈怠，总有一天，我们一定会一雪前耻！"秦穆公不仅把他们官复原职，反而更加厚待他们。

原典精选

郑人有卖^①郑于秦曰:"我主其城门,郑可袭也。"缪^②公问蹇叔、百里奚,对曰:"径^③数国千里而袭人,希^④有得利者。且人卖郑,庸知我国人不有以我情告郑者乎? 不可。"缪公曰:"子不知也,吾已决矣。"遂发兵,使百里奚子孟明视、蹇叔子西乞术及白乙丙将兵。行日,百里奚、蹇叔二人哭之。缪公闻,怒曰:"孤发兵而子沮哭吾军,何也?"二老曰:"臣非敢沮君军。军行,臣子与往;臣老,迟还恐不相见,故哭耳。"二老退,谓其子曰:"汝军即败,必于殽厄矣。"

——《史记·秦本纪第五》

注释

①卖:出卖。

②缪:通"穆"。

③径:此处用作动词,读"jīng",经过。

④希:少。

译文

郑国有个人想要对秦国出卖郑国,说:"我负责看守城门,郑国可以(被你们)偷袭。"秦穆公向蹇叔和百里奚询问,二人回答道:"经过数个国家、千里路程去偷袭,少有能够得到利处的。况且有人出卖郑国,谁知道我国之人会不会有把我们的情况告知郑国的呢? 此举不可行。"秦穆公说道："你们不知道，我已经下定决心了。"于是发兵，秦穆公任命百里奚的儿子孟明视、蹇叔的儿子西乞术和白乙丙统领军队。大军出发的当天，百里奚和蹇叔放声大哭。秦穆公听闻以后，生气地说道："我发兵而你们用哭声阻挠我军，为什么要这样？"两位老人说道："我们不敢阻挠大王的大军。大军出发，我们的儿子一同前往；我们老了，如果大军回来得晚了恐怕就再也看不到儿子了，所以才哭。"两位老人退下后，对他们的儿子说："你们大军如果失败，一定是败于殽地。"

知识拓展

秦国的衰落与人殉制度

人殉是先秦时期存在的一种惨无人道的殉葬方式，是指用活人为某些死去的人殉葬，被殉葬者通常是死者的近亲、侍臣，或者是战争中的俘虏。秦穆公在位期间，礼贤下士、招纳人才，使得秦国逐渐强大，尽管受制于晋国而无法东进，却也扫平西戎，为秦国开疆拓土。但公元前621年，秦穆公去世，众多秦国最优秀的人才被殉葬，使得秦国发展的势头中止。自此，秦国自绝于春秋舞台，再无惊艳亮相。

第七章 隐忍称雄 灿若流星——吴王阖闾

吴王阖闾本名光，通过叛乱取得吴王之位。统治期间，阖闾重用贤臣伍子胥和名将孙武，发展军事，使得吴国逐渐强大，一举击败楚国，占据了楚国的都城，阖闾成为春秋五霸之一。

一　争夺王位

吴王寿梦有四个儿子，分别是诸樊、余祭、余昧、季札。寿梦本想让自己的小儿子季札继承王位，但是季札拒绝，于是就将王位传给了长子诸樊。诸樊十分喜爱自己的弟弟季札，也想要传位给他，但仍被拒绝。于是，诸樊去世前，决定将王位传给自己的弟弟余祭，心想，自己的二弟去世，就传给三弟，三弟去世，自己的小弟总该不会拒绝了吧？诸樊的想法是好的，但是三弟去世前想把王位传给季札，季札还是拒绝。无奈之下，余昧将王位传给了自己的儿子，也就是日后的吴王僚。

吴王僚高居王位之上，俯视群臣，意气风发，但在他没注意到的角落里，一双愤恨的眼睛始终注视着他，这人是公子光。

公子光是吴王诸樊的儿子，面对高坐王位之上的兄弟，他的心中有一团怒火："我父亲兄弟四人，之所以采用兄终弟及的继承方式，不过是想把王位传给我四叔罢了。现在，我四叔坚持不愿继承王位，那也理当由我来继承王位，毕竟我父亲是四人中的老大，可现在却传给了僚，哪有这样的道理！凭什么？这不公平！"于是公子光开始在私下里结交贵族、招募勇士，想找个机会杀掉吴王僚，然后自立为王。

伍子胥因自己父亲伍奢被楚平王所杀，逃到了吴国。一到吴国，伍子胥便向吴王僚建议攻打楚国，并说："此时楚国民心不稳，朝堂

伍子胥

▲伍子胥像（《清刻历代画像砖》）

动荡，天怒人怨，正是进攻楚国的好机会！如果吴王同意，请任命我为统军大将，我一定可以率领吴军攻进楚国！此战必能宣扬吴国威风，在诸国间树立威信！"吴王僚听了这番话，有些心动。

一旁的公子光听到这番话，慌忙劝谏道："王上，伍子胥的父亲和兄长皆被楚王所杀，伍子胥之所以向您建议进攻楚国，不过是想报自己的血海深仇罢了。他说的那些好处只是为了蒙蔽您，进攻楚国不会给吴国带来任何好处。"吴王僚听了，经过一番思考，认为公子光说得有道理，便没有听伍子胥的话。

伍子胥听到公子光的这番话，沉默了。伍子胥看出了公子光的狼子野心，知道公子光是想要取吴王僚而代之。伍子胥并不介意吴王的宝座上坐的是哪一位，而且，公子光既然有这种想法，一旦继位，为了压服国内贵族的反对之声，一定会对外用兵，并且想要取得战争的胜利。因为只有这样，公子光才能够树立自己得到王位的合法性。

伍子胥告别吴王僚以后，开始四处寻求勇士，终于找到一个合适的人选——专诸，并把专诸引荐给了公子光。为了避人耳目，伍子胥在引荐专诸之后，就选择了归隐。他在等一个时机。

几年之后，吴楚发生大战。吴王僚命自己的两个儿子领兵进攻楚国，并任命自己的叔叔季札为使者出使齐国，以保证齐国不会干预吴楚之间的战争。这样，吴国国内空虚，吴王僚的防护力量也有所减弱。

于是公子光找到专诸，对专诸做最后的动员："专诸，我本就应该是吴王，但是僚却占据了我的王位。如今，我要拿回本该属于我的东西，希望你可以帮我。"因为季札在吴国人的心中有很高的威望，公子光也要打消专诸的顾虑，又说："你不要担心，如果我登基为王，即便我的叔叔季札知道了，他也会承认我的王位，而不会把我废掉。"专诸说道："您放心，对于杀吴王僚，我没有任何心理负担。只是我家中还有老母和幼儿，我担心我死之后，他们没有人照顾。"公子光握着专诸的手说："从今天开始，我就是你，你的母亲就是我的母亲，你的儿子就是我的儿子。"专诸笑道："那我就没什么担心的了。"

公子光埋伏武士于地下密室，并邀请吴王僚来自己家宴饮。出于小心，从王宫到公子光的家门，吴王僚都派了护卫，站立在道路两旁。进了公子光的家门，无论是房门之外，还是宴席之上，都是吴王僚的亲信，并且都配备了武器，吴王僚这才放下心来。

宴席之上，吴王僚和公子光欢声笑语，推杯换盏，其乐融融。突然之间，公子光一下没站稳，把脚给崴了，只好先行告退，留下吴王僚和大臣们继续饮酒。公子光从其他渠道进入密室，见到早已等候多时的专诸，公子光说道："一切都拜托给你了。"专诸没有言语，只是点头，而后从地道去了厨房。专诸伪装成送菜的仆人，他端着一个大盘子，盘子之上是一条刚做好的烤鱼。专诸将盘子恭敬地端到吴王僚的桌前，吴王僚丝毫没有留意到这个侍者。但就是这个不起眼的仆人，猛地从鱼嘴之中抽出一把匕首，一个扑身，就将匕首刺入吴王僚的胸口，吴王僚当场丧命。专诸也被及时反应过来的护卫杀死。

在群臣无主的时刻，公子光站出来，安慰群臣，声称："国不可一日无君，如今两位王子领兵在外，王叔季札又不在国内，为了维护国内稳定，光虽德薄，却也愿意挑此重任。"面对公子光的势力，众臣无奈，只好承认了公子光的吴王身份。于是公子光正式登基为王，史称吴王阖闾。阖闾上位之后，私下把专诸的儿子封为吴国的卿士，信守了自己的诺言。

二　伐楚之战

　　吴王阖闾继位以后，意气风发，誓要建造一个更加辉煌的吴国。阖闾一即位，就起用了赋闲在家的伍子胥，同时重用贤才。例如在伍子胥的举荐之下，吴王阖闾面见孙武。经过一番交谈，阖闾彻底折服于孙武的军事才华，任命孙武为将军，统率吴国军队。

　　经过几年的休养生息与训练军队，吴国变得越发强大，并且连年对楚国发起进攻，虽然只是一些小规模的战役，但是吴军每战必胜，吴国的强盛可见一斑。

　　起初，吴王阖闾想要进攻楚国的都城郢（yǐng），但遭到孙武的反对，孙武说："如今进攻郢城，劳师远征，对于百姓的负担太过沉重，不可取，还请王上继续等待机会。"吴王阖闾听从了孙武的建议。

　　几年之后，吴王阖闾眼看情势有变，

▲孙武像

▲吴王光青铜鉴。此器是吴王光为其女叔姬所作的陪嫁器，反映了吴、蔡两国为政治需要而联姻的史实

就又召集伍子胥和孙武，对他们说："几年之前，我曾提议进攻郢城，爱卿说时机未到，不可轻易进攻郢城，不知道现在时机成熟了吗？"伍子胥和孙武对视一眼，知道这一次阖闾心意已定，不愿意再等待时机了，于是回答道："楚军大将子常贪婪无度，已经引发唐国和蔡国的怨恨。如果王上真的想要大举讨伐楚国，那么一定要取得唐国和蔡国的支持。"吴王阖闾听从了他们的建议，一方面与唐、蔡两国相联络，取得两国的军事支持，另一方面倾全国之兵，誓要踏平楚国。

面对汹涌而来的吴军，楚国也整军备战，与吴国在汉水旁对峙。吴王阖闾的弟弟夫概请求率军偷袭，阖闾不同意，夫概说："大王已经把这些兵分给了我，我就是他们的将领，大军出征，就是要以利益为上，目前不发兵还在等什么？"阖闾同意了弟弟的请求。

于是，夫概率领五千兵马，偷袭了楚国大营。楚军没有想到吴军会偷袭营寨，防备不足，因此大败。吴王阖闾抓住机会，率领大军发动进攻，一路上五战五胜，一直攻进了楚国的都城郢。

进入郢以后，伍子胥和伯嚭命令吴军搜寻楚王，但没想到的是，楚昭王早就因为害怕逃出城去了。被怒火冲昏头脑的伍子胥和伯嚭率人来到楚昭王之父楚平王墓前，命人将楚平王的尸骨挖出来，对楚平王鞭尸泄恨，以报楚平王杀父之仇。

三　阖闾之死

吴王阖闾率领大军攻进楚都，正是意气风发的时刻。但是因为阖闾太过注重对楚之战，倾全国军队而出，导致国内守备力量不足。越王见到吴国国内空虚，趁机派出大军进攻吴国。吴王阖闾听闻越国的进攻，派部分军队回国迎击越国。

楚国向秦国求救，秦国与楚国有姻亲，且秦国不愿意看到吴国打破目前的诸侯格局，因此派出军队救援楚国。秦国军势强盛，且吴国因为分兵，兵力不足，很快便败于秦国之手。夫概见越国和秦国相继击败吴国，阖闾又留滞楚国不回，认为这是一个好机会，于是率领自己的部队，悄悄回到了吴国，并且自立为吴王。阖闾听闻这件事，十分愤怒，慌忙率军回国，攻打夫概。夫概抵抗不住，慌忙逃往楚国。而此时，因为阖闾已经率军离开，楚昭王又回到了郢，听闻夫概来投，楚昭王冷笑连连，为了恶心阖闾，楚昭王分封夫概于堂豁（xī）。

阖闾愤怒于楚昭王的行为，但是吴国南有越国虎视眈眈，无法倾巢而出，只派出自己的太子夫差进攻楚国，原本只是想给楚国一点颜色看看，谁知道楚昭王太过害怕，居然把都城从郢迁走了。

对于吴王阖闾来说，楚国只是疥癣（jiè xuǎn）之疾，而越国却是心腹之患，因此阖闾始终对越国保持警惕。为了将这个威胁彻底除去，阖闾没有轻易发兵进攻越国，而是积蓄力量，意图通过雷霆之势，在短时间内取得战争的胜利。

为了夺取王位，阖闾曾甘心蛰伏八年。如今，为了一举击败越国，吴王阖闾再次开始了自己的等待之路。这一等，便是十年。

十年之后，吴王阖闾认为时机已到，便举国动员，誓要讨伐越国，一雪前耻。吴国民众纷纷响应。听闻吴国大军来袭，越王勾践大举起兵相迎，双方在越国之地交战。

双方军队对峙，还未交战，越国便派出死士，他们排列整齐，行至吴军阵前，以剑击盾，口中发着震人心魄的声音，而后自刎而死。面对着阵前自刎的勇士，吴国军队深感越国皆是死士，作战一定十分勇猛，心中充满恐惧。与之相对，越国的军队被自己同胞的鲜血激发了血性，一个个奋勇争先，誓要杀死吴军。战争就这么开始了。面对汹涌而来的越军，吴军无力抵抗，丢盔卸甲，结果一路被越军追杀至姑苏。在姑苏，吴军奋力组织了一次反抗，但战争的结果并不理想，吴军只好宣布撤退。

在姑苏的战争中，吴王阖闾的手指受了伤，又不慎使伤口感染，一代雄主吴王阖闾竟因为这小小的伤口而一病不起。

阖闾去世之前，把太子夫差叫到自己的面前，言简意赅地说："儿子，知道你父亲为谁所杀吗？"夫差回答道："越贼勾践！"

阖闾握着夫差的双肩："记住了！千万不要忘了！"

夫差含泪应答道："死不敢忘！"

至此，一代雄主阖闾去世。

原典精选

于是吴公子光曰："此时不可失也。"告专诸曰："不索^①何获！我真王嗣，当立，吾欲求之。季子虽至，不吾废也。"专诸曰："王僚可杀也。母老子弱，而两公子将兵攻楚，楚绝其路。方今吴外困于楚，而内空无骨鲠^②之臣，是无奈我何。"光曰："我身，子之身也。"四月丙子，光伏甲士于窟室，而谒^③王僚饮。王僚使兵陈于道，自王宫至光之家，门阶户席，皆王僚之亲也，人夹持铍^④。公子光详为足疾，入于窟室，使专诸置匕首于炙鱼之中以进食。手匕首刺王僚，铍交于匈，遂弑王僚。公子光竟代立为王，是为吴王阖庐（闾）。阖庐乃以专诸子为卿。

——《史记·吴太伯世家第一》

注释

①索：搜寻，讨取。

②鲠（gěng）：本义为鱼骨，也有直的意思。骨鲠之臣，比喻犯颜谏诤、敢进忠言的臣子。

③谒：拜见，请求。

④铍（pī）：长矛。

译文

于是公子光说："这次机遇绝不可以错失。"对专诸说道："不去讨要，又怎么会有收获！我是真正的王室后裔，应该被立为王，我想要夺回王位。即便是季子到来，也不会废掉我。"专诸说："吴王僚可杀！但是我的母亲年老，孩子还小，两位公子率领军队进攻楚国，被楚国断绝了归路，如今吴国对外受到楚国侵扰，对内没有直言进谏的忠臣，谁也不能把我怎么样！"公子光说道："从今天起，我的身体，就是你的身体。"四月丙子日，公子光在密室埋伏士兵，邀请吴王僚来家中饮酒。吴王僚派兵驻守于道路两旁，从王宫到公子光家门，门户、台阶、宴席之上，全是吴王僚的亲信，人人都手持长矛。公子光装作脚疼，进入地下室，让专诸把匕首藏在烤鱼之中去进献食物。专诸进去以后，手持匕首刺杀吴王僚，吴王左右手持长矛都击中专诸的胸膛，但是吴王僚却被刺杀了。公子光取代他成为吴王，称为吴王阖闾。事后，阖闾将专诸的儿子封为卿。

知识拓展

吴国的建立者是谁？

在《史记》中记载的吴国建立者，是周国的太伯、仲雍，他们都是周太王的儿子，季历的兄长，也就是周文王姬昌的伯伯。因为周太王想要立季历为王，两位兄长为了不让父亲烦恼，同时也为了让自己的弟弟顺利继位，于是就选择了离开，跑到了后来的吴国境内，同时给自己文身，又剪断了头发，以证明自己已经不可能再被立为周王。

第八章 忍辱负重 终成大器——越王勾践

吴王夫差与越王勾践，这对不可分割的对手，他们共同谱写了春秋历史上最为恢宏的一页。杀父之仇不共戴天，卧薪尝胆矢志不忘。两个拥有不同魅力的君主，决定了吴、越两国不同的生死走向。

一 虎口逃生

夫差曾在父亲阖闾的灵位前发誓，自己一定不会忘记父亲的耻辱，一定会让勾践血债血偿。为此，夫差命令一名近侍，每天都对他呵斥着同一句话："你忘了勾践的杀父之仇了吗？"

在这种耻辱一般的拷问中，夫差励精图治，整顿民生，修齐武备，训练士卒，只等待实力充足，一举击溃越国，以报血海深仇。为了击败越国，夫差经常发动一些小规模的战斗，既为打击越国，也锻炼了士兵。

这些小规模战役的一次次失败让越王勾践感到恐惧，深感自己将有性命之忧，于是决定先发制人，派出大军偷袭吴国。越国大夫范蠡认为此举不妥，坚决表示反对，但是勾践却听不进去范蠡的意见，他对范蠡说："范蠡，我知道，我的举动可能有些冒失，但是如果现在不进攻，将来就更加没有成功的可能性了，我只能孤注一掷。"

勾践派出大军进攻吴国，夫差听说越国进攻，不怒反笑："好啊，我还没有发兵，你倒先来打我了。也好，那就让你尝尝我吴国的厉害吧。"

吴、越双方展开激战。尽管越国先发起进攻，但吴国上下同仇敌忾，且训练有素，因此越军很快以失败告终。勾践所率军队只余五千余人，他率领着这些残兵退至会稽山上，被追击而来的吴军包围。

勾践以为自己将要大难临头。紧要关头，越国大夫文种挺身而出：

▲吴王夫差鉴。鉴是盛水的器具，此青铜器为春秋晚期吴越青铜器中的精品

"大王，如今还有一个办法，只是不知道大王是否愿意采纳？"

勾践说："现在都到什么时候了？直接说就是。"

文种说道："我与吴国大夫伯嚭有交情，他深受夫差信任。我可以用重金贿赂伯嚭，通过他，也许王上会有一线生机。"

勾践说道："你有这种办法，刚开始说的时候却很犹豫，所以一定有什么难言之隐吧，你直接说便是。现在还有什么好顾虑的？"

文种说："大王明鉴。臣确实是有难言之隐，即便计策成功，但大王您与夫差有杀父之仇，夫差一定不会轻易放过大王。即便不杀大王，但大王却有可能会遭受更大的耻辱。"勾践说道："放心吧，寡人落到这个地步，哪里还有什么尊严可谈，不管是什么屈辱，寡人都能承受得住。你去吧，记住了，一定要保全这最后的火种。"所谓最后的火种，自然是指勾践身后的五千兵马，这是越国最后的希望。

文种逃出包围圈，携带重金和美女，找到了伯嚭，希望伯嚭可以对夫差美言几句，声称越国已经没有了反抗之力，一定不会对吴国构成威胁，而且越国愿意向吴国投降，越王勾践可以做吴王夫差的奴仆，因为越王勾践充分认识到了夫差的伟大，希望可以用这种方式表达自己的臣服。伯嚭接受了文种的说辞，便向夫差建议，不如放过勾践。夫差听了伯嚭的建议，认为很有道理，于是决定采纳这个建议。

一旁的伍子胥提出了反对的意见，他说："臣听闻，夏朝之时，有过氏杀死了夏王，但是夏王的妃子逃脱之后生下了少康，有过氏听说少康出生了，就打算把少康也杀掉，但是少康再次逃脱，之后收拢民心，逐渐强大，最后灭掉了有过氏。吴国没有有过氏那么强大，而勾践却比少康更强，如果我们现在不趁着好机会杀掉勾践，反而把他放了，那下次再想杀掉他就更难了！况且，勾践这个人，不怕辛劳，善于隐忍，如果不能现在杀掉他，一定后患无穷！"

夫差听了这番话很不高兴："您太多虑了，我今天能灭越国一次，改日便能灭越国两次。"于是，夫差听取了伯嚭的建议，跟越国缔结盟约，撤兵回国。

二　纵虎归山

吴越之战后，吴国进入了一个相对和平的时期。但不久，夫差就听闻齐国因为国君去世，大臣争权，陷入了国家动荡，而吴国因为地处东南，在很长的一段时间里都不入中原国家的眼。夫差认为争霸中原的机会终于来了，于是决定发兵北上，进攻齐国。

伍子胥听闻夫差进攻齐国的计划，慌忙阻止道："越王勾践吃饭不在意食物的味道，穿衣不在乎衣物的材质，越国民众有了什么大事小事，他都亲自去询问，这是要收敛人心，随时准备聚众起事啊！勾践不死，一定会成为吴国的大患！如今越国才是吴国的心腹之患，大王却不首先解决这个问题，反而去攻伐齐国，这不是太荒谬了吗？"但是夫差已经没有心情听取伍子胥的谏言，接下来的数年里，夫差都忙于向北进攻，先后击破齐国、鲁国，大大宣扬了吴国的国威。

在吴国向北发展的过程中，勾践率领越国臣子多次朝觐吴国，对吴国表现得十分服从，并且奉献给吴国大量的财物，讨得夫差的欢喜。于是夫差对勾践更加放心，认为勾践确实是打心眼里畏惧吴国，根本不可能反叛吴国。但伍子胥却从其中看出了大阴谋，并感受到了深深的恐惧："勾践这是在豢养吴国啊！"他对夫差进言道："大王，越国才是吴国的心腹之患啊！如今您不关心越国，却一心想着进攻齐国。可是齐国对于吴国来说就和石田一样，田里要有土才能种出庄稼，石田是不会有产出的呀！即便我们再攻打齐国，对吴国也不会有任何好处啊！"夫差根本听不进去伍子胥的建议，反而命令伍子胥出使齐国。伍子胥利用这次机会，私下里把自己的孩子交给了齐国的大夫鲍氏。但是有人暗自将这个消息透露给了夫差，夫差听闻这个消息，十分愤怒，他根本不给伍子胥任何解释的机会，命人带着一把剑去找伍子胥，让伍子胥自刎。

面对夫差的赐死，伍子胥仰天大笑："哈哈哈哈，这位小兄弟，待我死后，请在我的坟头种上一棵梓树，等树木长成了，也就可以做棺材了，做吴国的棺材。还有啊，记得在我死后把我的眼睛挖下来，把它放置在都城东门之上，我要亲眼看看越国是怎么灭吴国的！"

三 卧薪尝胆

夫差终于决定放过勾践，勾践也因此可以回到越国。回到越国以后，勾践始终感到有一座大山压在自己身上，他无数次从梦中惊醒，梦中总是有一把泛着寒光的长剑搭在他的脖子上。

勾践知道，这个执剑的人一定就是夫差。如今，夫差已经成了他的心魔，而战胜恐惧的最好方式就是勇敢地面对。于是，勾践在自己的房间内悬挂了一颗苦胆。无论是睡觉还是看书，又或是吃饭的时候，他都要尝一口，每当感受着嘴里苦涩的味道，勾践都会问自己："你忘记了会稽山上的耻辱了吗？"

勾践每日亲自在田间劳作，他的妻子也亲自纺织，每餐都见不到肉腥，衣服也怎么朴素怎么来。即便吃穿简陋，但是对于有真才实学的人才，勾践都是恭敬有加，给予很高的礼遇。除此之外，勾践还十分关心民间疾苦，赈济穷人，吊唁死者，有时还在田间跟百姓一起做农活，使得百姓都感念他的恩德，对他更加信从。

勾践想把朝堂交给范蠡，但范蠡说："如果是领兵打仗，那么文种肯定不如我；但是如果是安抚国家、亲近百姓，那么我可比不上文种。您还是把这个重任交给文种吧。"

勾践说道："既然你这么说，那我就遂了你的心愿吧。只是，你接下来要小心，要保护好自己。"

范蠡笑道："多谢大王的关心。"原来，虽然勾践回国，但是越国仍要提供人质去吴国，如果范蠡不去，文种就要去吴国做人质了。但是范蠡觉得文种此时留在越国更加有利，于是决定自己去吴国当人质。幸运的是，两年之后，范蠡就从吴国平安归来，再次成为勾践的左膀右臂。

范蠡回国之后，勾践继续自己休养生息之大业，重视农业，善待平民，重用贤才，治政清明，一心想要强大越国，然后对吴国发起进攻。

大夫逢同看出了君王的抱负，但深感不妥，于是向勾践进言道："越国不久前才遭受劫难，好不容易恢复过来，如果我们太过大张旗鼓，吴国一定会有所警惕。一旦吴国有所警惕，那么一定会刁难越国，势必影响越国的发展。就像苍鹰在发起进攻前，一定会隐藏自己的身形一样，我们也要小心地隐藏自己，不要让吴国注意。如今吴国声势如日中天，同时对齐国和晋国两个国家用兵，却根本不顾及楚国和我们越国，这都是因为吴国骤然强大，没有时间沉淀，所以

▲勾践剑

显得骄横自傲。而这，就是我们的机会！为了越国的未来，我们不但要和齐国、楚国、晋国交好，以此作为外援，同时要继续给吴国纳贡，不断增长吴国的野心，这样吴国才会无视越国，我们也能有发展的时机。长此以往，一旦吴国稍显颓势，我们就可以联合其他三国，共同进攻吴国！如此，吴国必败！"

勾践听到这个建议，高兴地抱住逢同的肩膀："就按你说的办！"

吴国伐齐之后，吴王夫差显得志得意满。越国大夫文种听说了这种情况，就去面见勾践，对勾践说："如今夫差志得意满，不如我们尝试向吴国借贷粮食，看看夫差是否还对越国有戒备之心。"于是勾践派人向吴国借贷粮食。虽然遭到伍子胥的反对，但夫差一意孤行，还是把粮食借给了越国。勾践听闻此事成功之后，十分欣喜，明白夫差对越国已经失去了戒备之心，这下可以放心准备自己的复仇大业了。

四　勾践北伐

夫差杀掉伍子胥之后，勾践找到范蠡，对他说道："如今夫差已经杀掉了伍子胥，吴国朝堂上又全是趋炎附势的小人，我们是不是可以讨伐吴国了？"

范蠡说："大王，时机未到，还请多多忍耐。"不久之后，勾践听闻夫差率领吴国精锐前往黄池参加会盟，吴国境内只有一些年老力衰的老兵留守，大喜过望，立刻找来范蠡，对他说："如今时机可到？"

范蠡回答道："恭喜大王，现在正是出兵的最佳时机！"

勾践立刻率军进攻吴国，很快便打入吴国都城，杀掉了留守的吴国太子。夫差虽有心作战，但战士疲惫，只好向越国请和。勾践想着，如今越国实力还不足以灭掉吴国，为今之计，还是先行撤退，于是答应了夫差求和的请求。

其后几年，越国日益强大，而吴国却愈发衰落，于是勾践再次率军伐吴。这一次，吴国彻底失败了，吴王夫差被围困于姑苏山。无奈之下，夫差派人去向勾践请罪，以求宽赦。

夫差的使者光着上身，跪倒在地，一路用两只膝盖前行至勾践面前，低声下气地向勾践请求道："吾王夫差托我向大王传话：夫差有罪，请求越王原谅。夫差当年在会稽山下对越王无礼，但是夫差不敢违逆天命，最终越王得以平安归国。夫差不敢居天之功，但还请越王念着当初的恩情，放过夫差，夫差之后一定唯命是从，马首是瞻！"

勾践听到此话，想到一代雄主，现在落得这个凄凉的下场，有些不忍心，便打算答应夫差的请求，放他一条生路。

一旁的范蠡猜到勾践的心理，立刻劝谏道："大王三思！会稽之事，是上天要把越国赐给吴国，但吴国却没有取。如今上天要把吴国赐给越国，难道越国要违逆上天的意思吗？大王，这些年里，您兢兢业业，一心强大越国，难道不就是为了进攻吴国吗？我越国为此事已谋划二十一年之久！现在您却要一句话就放弃越国二十一年的努力，这样合适吗？况且大王应该也听过一句话，上天给予你的，如果你不接受，那么就要承受相应的代价。"

勾践说道："我知道你的意思，我也想要听从你的建议，可是你看他的样子，我怎么忍心啊？"他指的是正跪倒在地的吴国使者。

范蠡一听，说道："这个简单！"范蠡招来几个小兵，对着使者说道："大王命我为统军大将，所以军旅之事都由我负责，你最好自己离开，不然，就不要怪范某人得罪了！"

吴国使者哭着离开了。勾践觉得不忍心，就命人给夫差带话："我可以把你安置在越国境内，给予你一百户人家的封地。"夫差自嘲笑道："多谢越王好意，可惜我已经老了，就不侍奉君王了。"于是，拔剑自刎。

吴王夫差，一代人杰，为报父仇，披肝沥胆，夙兴夜寐，终于击败越国，取得胜利。但是胜利之后，夫差逐渐变得骄傲自大，追逐虚名，而忘了能够支撑野心的只有自身的强大。与他相比，越王勾践能够在失败之后，卧薪尝胆，决不气馁，听取他人的建议，默默积蓄力量，取得战争最后的胜利，堪称豪杰。

原典精选

越王勾践率其众以朝吴，厚献遗之，吴王喜。唯子胥惧，曰："是弃①吴也。"谏曰："越在腹心，今得志于齐，犹石田，无所用。且盘庚之诰②有颠越勿遗，商之以兴。"吴王不听，使子胥于齐，子胥属其子于齐鲍氏，还报吴王。吴王闻之，大怒，赐子胥属镂之剑以死。将死，曰："树吾墓上以梓③，令可为器。抉④吾眼置之吴东门，以观越之灭吴也。"

——《史记·吴太伯世家第一》

注释

①弃：此处应为"豢"（huàn），喂养，特指喂养牲畜。

②诰（gào）：古代帝王对臣子的命令。

③梓：一种落叶乔木，它的木材可供建筑以及制造器物，但棺材多用梓木建造，梓器即棺材之意。

④抉：剔出。

译文

越王勾践率众朝觐吴国，并奉上丰厚的礼物，夫差十分高兴。只有伍子胥感到害怕，说："这是在豢养吴国啊！"于是他向夫差劝谏道："越国是吴国的腹心之患，即便今日我们在齐国获胜，就和（得到）石田一样，对吴国没有任何作用。且盘庚曾经说过，颠越无道的人（乱妄之人）一定不要放过（令其活着），商朝因此而得到兴盛。"夫差不听，派伍子胥出使齐国，伍子胥私下把自己的儿子托付给了齐国的大夫鲍氏，回到了吴国。吴王夫差听闻伍子胥私下将儿子托付给了齐国人，十分生气，命人将属镂剑赐给伍子胥，命他自刎。伍子胥自刎之前说道："在我的坟上栽种一株梓木，要让它可以制作器物（棺材）。把我的眼睛挖出来放在吴国的东门之上，我要亲眼看着越国消灭吴国。"

知识拓展

卧薪尝胆：睡在柴薪之上，口尝苦胆。比喻发奋图强，不忘雪耻。传说《聊斋志异》的作者，清代蒲松龄屡试不中，曾撰有一副用以自勉的对联："有志者事竟成，破釜沉舟，百二秦关终属楚；苦心人天不负，卧薪尝胆，三千越甲可吞吴。"

兔死狗烹，鸟尽弓藏：兔子死光之后，用来捕猎兔子的猎狗就失去了作用，所以就被烹杀；鸟打完了之后，弓就没有了用武之地，所以就被藏起来。比喻事成之后，对有功之人的杀戮或遗弃。

第九章 尊儒崇法 从谏如流——魏文侯

魏文侯名魏斯（亦称魏都），是魏国的开国君主。魏文侯重视人才，知人善用，无论是治国内政，还是战争外交，都取得了不俗的成就，使得魏国一跃成为战国初期的强国。

一　内政外交

　　韩、赵、魏三家列卿瓜分了晋国以后，魏国占据了原属晋国的中心地带。如果是和平时期，魏国的地理位置自然十分优越，但在战国乱局中，魏国处于各国包围之下，如不强大，就有被吞并的危险。为了使魏国强盛起来，魏文侯实行了诸多政策。

　　农业方面，魏文侯主张尽地利之教，努力提高土地的单位面积产量；颁布平籴（dí）法，在收成好的年份大量购进农民粮食，收成不好的年份则以平价卖出，一方面保证了农民的收入，一方面维护了社会的稳定。除此之外，他还大力鼓励平民参与商业贸易，收取商业税，进一步增强了魏国国力。同时，魏文侯大力起用李悝（kuī）进行变法。

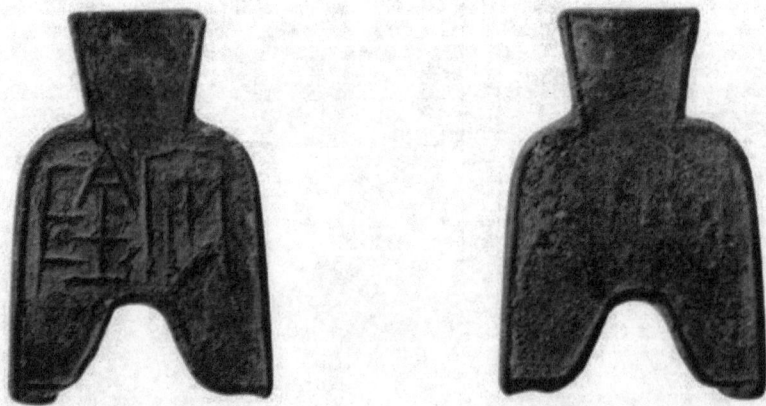

▲魏国流通货币：桥足布

李悝在前人基础上制定了成文法典《法经》，这是我国第一部较为系统的封建成文法典。《法经》颁布之后，魏文侯带头遵守，使得法治理念深入人心，魏文侯也愈发受到魏国百姓的拥戴。

军事方面，魏国积极扩张，攻占中山国，击败秦国。魏文侯还主张韩、赵、魏联合起来，共同抵御外敌。他深深地认识到，魏国若想屹立在乱世之中，就必须联合韩国和赵国，只有三国同心，才能够在齐国、秦国和楚国的包围下生存。

魏文侯之所以懂得这个道理，得益于一次游历所赐。一次，魏文侯私下出门闲逛，在路上碰到了一个打柴人。这个打柴人的装扮十分有趣，他穿了一件裘衣，但是和一般人穿的裘衣不同，他把有皮毛的那一面翻过来，穿在了里面，而将裘皮露在了外面。

魏文侯十分好奇，就问这个人："你为什么要把裘衣翻过来背柴火呢？"

打柴人骄傲地说道："这你就不懂了吧！裘皮衣服之所以珍贵，就是在于它的皮毛，这样子反过来穿不就不会把它们弄脏了嘛！"

魏文侯摇头说道："可是难道你不知道，如果它的里子没了，毛就没有地方依附了吗？"

正是这次经历，让魏文侯明白，韩、赵是裘衣的里子，而魏国则是裘衣的皮毛。虽然魏国现在貌似强大，但如果没有韩国和赵国的帮助，魏国孤军奋战，就好比把裘衣翻过来穿一样，如果里子被磨光了，那魏国也就要灭亡了。于是魏文侯在世时期，始终注意和韩、赵两国交好，互结军事同盟，共同抵抗其余诸国的进攻。

二 重视人才

魏文侯之所以能够取得如此丰富的成果，与他对人才的重视是分不开的。

段干木是子夏（孔子弟子，被魏文侯尊为师傅）的学生，在诸国间有很大的声望。为了让段干木入朝辅政，魏文侯对他十分尊敬。每次经过段干木的门口，魏文侯都会下车对着段干木的大门行礼。

下人不解，问道："您为什么对段干木如此尊敬？"

魏文侯解释道："段木干是个贤人啊，他不为人世间的权势所动，坚守自己的君子之道。他隐居在陋巷之中，可他的名声却传遍各地。对于这样的人物，我怎么可能不尊敬呢？段干木看重的是德行，寡人看重的是权势；段干木身怀道义，寡人有的不过是财富。你要明白，权势不如德行令人尊重，财富更没有道义高贵。"

经过不懈努力，魏文侯终于见到了段干木本人。在交谈过程中，魏文侯始终摆出谦恭的姿态，静静地站立于一旁，不敢有丝毫懈怠。正是这份谦逊，最后打动了段干木。

田子方是当时的著名学者，魏文侯对其十分推崇，经常邀请田子方和他一起饮酒。一次酒会上，魏文侯感觉乐人演奏的音乐有些不协调，就问身边的田子方："您有没有觉得左边的钟声似乎高了一点？"

田子方听到这个问题微微一笑。

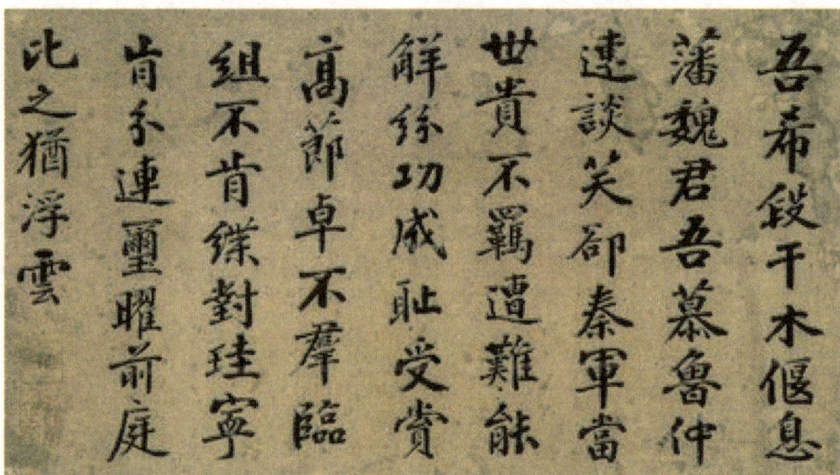

▲龙云行书《咏史·吾希段干木》

魏文侯十分诧异，问道："这个问题有什么好笑的吗？"

田子方说道："臣听说，一个贤明的君王会专注于政治，不贤明的君王则会专注于音乐。臣担心国君会因为专注于音乐而轻慢了政事。"

如果是一般人，在这种场合听到这样的话定然觉得十分扫兴，但魏文侯听到后，却觉得振聋发聩（kuì），认为田子方的话很有道理，后来果然集中精力于国事。

除了重视人才，魏文侯还对人才给予充分的信任。

为了攻占中山国，他任命乐羊为将领，率军出征。乐羊花了三年的时间，最终攻克了中山国。

回国之后，乐羊自以为自己立下了不世之功，态度高傲，去向魏文侯邀赏。魏文侯瞥了一眼高傲的乐羊，没有因乐羊对君王的不敬就责罚他，只是命人抬进来一个箱子，将其打开，展示在乐羊的面前。

魏文侯说道："你先看看这些。"

箱子里全是竹简，乐羊好奇地打开，发现里面全是大臣们对他的弹劾，有些劝魏文侯要小心他的背叛，有些希望魏文侯可以把他召回来。乐羊越看越心惊，终于跪倒在魏文侯面前，惶恐地说道："能够攻克中山国，根本就不是在下的功劳，都是君上之功啊！"

三　尊崇儒学

魏文侯起用了许多人才，包括李悝、翟璜、吴起、乐羊、西门豹等人，但他最为推崇的，还是儒家的文化。

魏文侯对段干木的态度十分恭敬，但对于同样是人才的翟璜却十分敷衍，使得翟璜十分气愤。

翟璜质问魏文侯："君上对段干木如此恭谨，但为何在我面前却如此散漫，难道我就不是贤才吗？"

魏文侯无奈道："对段干木，我想任他为官，他不答应；我想给他钱财，他不愿意接受。对于你，你想要当官，我给了你宰相之职；你想要钱财，我给了你上卿的待遇。你已经接受了我的赏赐，却还要责备我对你无礼，你这不是为难我吗？"

对此，翟璜也十分无奈，想到他担任宰相之前的一件事情。

那时，魏国的宰相职位空缺，魏文侯决定从大臣之中选任一人担任。翟璜满心欢喜，以为一定是自己当选。他听说魏文侯向李悝咨询宰相人选，便找到李悝，向其询问。

翟璜问道："我听说国君咨询先生咨询由谁出任宰相一职比较合适，不知道最后是何人当选呢？"

李悝说道："魏成子（魏国大臣，魏文侯的弟弟）将是新的宰相。"

翟璜勃然大怒："以先生所见所闻，我哪里比不上魏成子？西河守将吴起，是我举荐的。国君担心邺城内政，我就推荐了西门豹。国君想要征伐中山国，我向国君举荐乐羊。攻占中山国后，无人可以镇守，我就推荐了先生。国君之子找不到合适的老师，我就为国家找到贤人屈侯鲋（fù）。您说，我哪里比不上魏成子？"

李悝愤怒道："阁下当初向国君举荐我，难道就是为了与我结党营私、谋求高官之位吗？"

李悝稍微冷静下来，继续解释道："国君问我，宰相不是魏成子就是阁下，你觉得他们两人怎么样？我回答，这是国君没有细细考察的缘故。平时看他们与谁亲近，富有时看他们与谁结交，显贵时看他们举荐谁，落魄时看他们不做什么，贫穷时看他们不要什么。考量这五点就足以确定谁更适合宰相之位了，又哪里需要李悝的意见呢！所以我才能知道魏成子将会是下一任宰相。况且你哪里能与魏成子相提并论？魏成子的俸禄，十分之九都用在外边，只有十分之一花在自己身上，所以能够聘来卜子夏、田子方、段干木。这三个人，国君都以师礼对待，而你所举荐的五个人，国君不过是把他们看作臣子。你说你能和魏成子比吗？"

听闻此言，翟璜只得甘拜下风。

魏文侯在位五十年间，改革内政，发展外交，积极对外扩张，使得魏国不断强大，成为战国初期的强国。他重视人才，知人善用，且用人不疑。他对儒学的重视，一方面使得魏国成为当时的文化中心，给魏国培养了许多可用之才，但这也给魏国后来的发展埋下了隐患。尽管如此，魏文侯虚心纳谏、善于听取他人的意见的特质，仍值得我们学习。

原典精选

魏文侯谓李克①曰："先生尝教寡人曰'家贫则思良妻，国乱则思良相'。今所置非成则璜，二子何如？"李克对曰："臣闻之，卑不谋尊，疏不谋戚。臣在阙②门之外，不敢当命。"文侯曰："先生临事勿让。"李克曰："君不察故也。居③视其所亲，富视其所与，达④视其所举，穷⑤视其所不为，贫视其所不取，五者足以定之矣，何待克哉！"文侯曰："先生就舍，寡人之相定矣。"

——《史记·魏世家第十四》

注释

①李克：即李悝。

②阙（què）：皇宫门前供瞭望的楼，阙门即宫门。

③居：平时。

④达：处于显要的位置。

⑤穷：处境恶劣。

译文

魏文侯对李悝说道："先生曾经教导寡人，对寡人说'如果家里贫穷，那么就应该考虑贤良的妻子，国家动乱就需要贤明的丞相'。如今丞相的人选不是魏成子就是翟璜，这两人怎么样？"李悝回答道："臣听闻，卑贱的人不替尊贵的人出谋划策，关系疏远的人不参与他人亲属之间的事情。臣的职责在宫门之外，这个问题臣不敢回答。"魏文侯说道："先生，事情面前，就不要推辞了。"李悝说道："大王没有仔细观察罢了。平时看他所亲近的，富贵时看他所结交的，显要时看他所举荐的，处境恶劣时看他所不做的，贫困时看他所不取的，观察这五点就已经足够了。哪里用得着李悝呢！"魏文侯说道："您歇息吧，寡人的丞相已经确定了。"

知识拓展

魏文侯大臣西门豹治邺的故事

西门豹是战国时期著名的政治家、水利家，魏文侯时任邺令。西门豹管理邺地时，听闻当地有一种习俗，名为"河伯娶妇"，也就是给河伯娶媳妇，此举不仅害人性命，而且奢侈浪费，使得当地长期贫困，而那些掌管祭祀的巫祝却借此谋利。西门豹有心惩治这些恶人，便与当地长者约定，在下一次河伯娶妇时，一定要通知自己到场。

很快，机会来了。在这一次的河伯娶妇典礼上，西门豹率兵前往，见到了主持典礼的大巫：一位已经年满七十岁的老妇人。西门豹对大巫说道："你去把河伯的妻子唤过来，我看她长相如何。"大巫命人将一位妙龄女子叫到西门豹面前。西门豹审视一番之后，对大巫说道："这个女子长相不佳，送去给河伯，恐河伯生气，不如劳烦您通知一下河伯，就说我们晚两天，找到了更好的女子，再给他老人家送过去。"说完，他便命人将大巫丢入河中。许久之后，西门豹对大巫的弟子说道："大巫怎么这么久还不回来，要不你去催一下她？"然后他不由分说，命人将这个弟子也丢入了河中。不久，他又命人将一弟子扔入河中去催促大巫回来。丢入三名弟子后，大巫依然没有回来，西门豹只得说道："可能是因为弟子们没有说清楚，不如我们换个人吧。"于是命人将当地有教化职责的长者扔进河里。又过了很久，西门豹不

▲傅抱石《河伯图》，此幅画描绘的是河伯与洛水女神宓妃相互遥望的场景

见大巫和长者回来，只好转过身，对身后的一众地方豪强与衙门胥吏说道："你们说，现在该怎么办呢？"这些地方豪强与衙门胥吏皆跪倒在地，拼命地磕头，生怕自己会成为下一个被扔进水中的人。

见此，西门豹说道："那我们就再等一会儿吧。"又过了一会儿，西门豹说道："看样子河伯留客的时间有点长，不如你们就先散了吧。"虽未明言，但此后，邺地的人们再不敢提起"河伯娶妇"之事了。

第十章 审慎严苛 虚怀若谷——韩昭侯

韩昭侯韩武，亦称韩釐侯、韩昭釐侯、韩昭僖侯，是韩国的第六任君主。在位期间，他任用申不害为相，改革政治，尊崇律令，重视农业，发展经济，韩国国势趋于鼎盛。

一 申不害为相

韩昭侯即位前，韩国的政治混乱，法制、律令前后不一，多有冲突，使得君王威信受到极大的挑战。韩昭侯有意改善自己的处境，但囿（yòu）于学识，不知应该如何改变。为此，韩昭侯急需贤才辅佐。

韩昭侯四年，魏国进攻韩国。面对魏国的大军压境，韩国君臣都感到束手无策。这个时候，韩昭侯命中注定的搭档——申不害，终于上场了。

申不害原是郑国小吏，郑国被韩国所灭后，申不害便成为韩国人，在韩国继续做小官。申不害虽然官职低微，但面对束手无策的诸位大臣，他勇敢地站了出来，向韩昭侯提出了自己的建议。申不害提议，韩昭侯应该去觐见魏王，向魏王示弱，表示臣服。如此一来，魏王必定骄纵，会放过韩国，而其余各国则会因此同情韩国。这对于韩国来说是有百利而无一害。韩昭侯采纳了申不害的建言，魏王果然放过了韩国。自此，韩昭侯开始重视申不害。

不久，魏国发兵赵国，包围了赵国都城邯郸。韩昭侯向申不害请教："面对这种情况，您说我应该和谁结盟才好？"此时，申不害刚开始在朝堂上站稳脚跟，为了巩固自己的地位，他深知不能够和韩昭侯的意愿相冲突，于是他没有当即给出答案，而是回答道："大王，这是关系到韩国生死存亡的大事，请准许臣仔细思考之后再给予您答

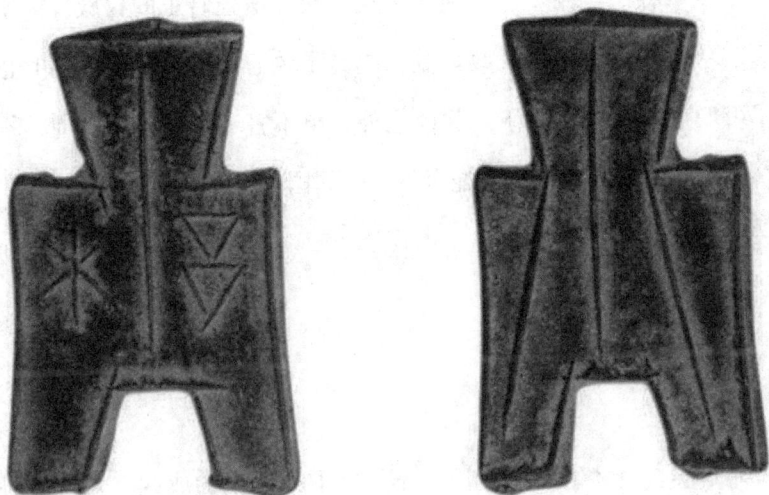

▲韩国的流通货币：方足布

案。"韩昭侯答应了。

申不害回去后，私下找到韩国的大臣赵卓、韩晁，对他们说："两位都是国家的栋梁之材。为人臣子，理当为君王尽忠，两位又何必纠结于自己的建议是否会被国君采纳呢？"申不害此举，是为了鼓励这两位大臣进言，他好从旁观察，看韩昭侯对不同建议的反应，以找出韩昭侯内心的看法。

两位大臣进言之后，申不害知道了韩昭侯内心所想，于是就按照韩昭侯的想法向他提出建议。韩昭侯听后十分开心，于是愈发重视申不害。

申不害并非是一个只知道投君王所好的佞（nìng）臣，相反，他是一个真正有抱负的政治家。在地位稳固之后，申不害开始在韩昭侯的支持下变革韩国法制。为了强化中央集权，增强君王的权威，申不害建立起一套行之有效的行政体制，提高了政府的行政效率，同时也教会了韩昭侯如何统御臣下。除此之外，申不害还积极发展农业，提振经济。在韩昭侯和申不害的配合下，韩国国力不断增强。

二　推崇制度

韩昭侯自身才智有限，原本不可能取得后来的成就，但他虚心学习，谨记他人教诲，并在日常生活中不断实践，终于成长为一位优秀的君王。在这之中，他学到的最重要的两件事便是尊崇制度和保守秘密。

申不害掌权之后，变得十分轻狂。他觉得自己位高权重，韩昭侯不会轻易驳自己的面子，于是想要把自己的堂兄引荐给韩昭侯，希望得到韩昭侯的重用。申不害原本以为自己的荐举十拿九稳，却没想到遭到了韩昭侯的拒绝。

面对韩昭侯的拒绝，申不害十分恼火，问韩昭侯："大王，难道申不害的功劳连举荐一位臣子都不够了吗？"

韩昭侯十分严肃地回答道："韩国如今的强大都是先生的功劳，孤能够有今日的成就，也是拜先生所赐。孤从先生身上学到的最大的学问，便是法制。一旦制定了规则，那么就一定要去遵守，不然君王的威严何在？国家的法度何在？对于官职的任用，韩国有一套完备的制度规定，这还是您亲自制定的！您曾经教导我，要谨慎地使用自己的权力，严格地执行赏罚，但如今，您却要我亲手将之破坏，您说我应不应该拒绝？"

听闻这番话，申不害感到十分羞愧，对韩昭侯说道："您做得对，是我错了。您正是我衷心期盼的君王模样啊！"

韩昭侯对制度的尊崇不只体现在朝堂之上，即便在自己的宫廷之内，他也严格奉行这种行为逻辑。

一次，韩昭侯贪杯，醉倒在桌子上。负责管理君王冠冕的典冠担心君王着凉，便找来一件衣服披在了韩昭侯的身上。没过多久，韩昭侯醒来，看到自己身上的衣服，就随口问了一句："是谁给寡人披上的衣服？"侍从将情况如实相告。

韩昭侯听后开始沉默。他命人找来典冠，问道："是你给寡人披上的衣服？"典冠回答道："是的。"

韩昭侯继续问道："那么，你的衣服从何而来？"

典冠答道："回王上，是从管理君王服饰的典衣那里拿到的。"

韩昭侯命人找来典衣，问道："是你将衣服给他的吗？"

典衣答道："是的，大王。"

韩昭侯十分恼怒，对二人说道："你们可知，你们犯了大错！"二人惶恐不堪，却不知到底犯了何罪。

韩昭侯说道："我韩国注重法度，各司其职，方能有条不紊。而你们二人，一人越权，一人失职。典冠，你只负责掌管寡人的冠帽，谁给你的权力去找人拿衣服？典衣，你掌管寡人的衣物，没有寡人的命令，你却私自将衣服给了别人！你二人可知罪？"

在两个小吏的求饶下，韩昭侯最终只是将二人降了职。

三　堂隙公劝谏

韩昭侯重视人才，推崇制度，但他的保密意识却十分薄弱。君臣在朝堂上的讨论以及关系重大的军国机密，他总在不经意间与人聊起，导致机密的泄露，从而危害到国家的利益。

群臣有所察觉，却不知道应该如何劝谏韩昭侯，直到一位自称堂隙（zhǔ）公的大臣跳了出来。

见到韩昭侯后，堂隙公问了他一个问题："大王，微臣有一样宝贝，是一件玉石制作的酒器，十分精美，价值千金，但是它有一个致命的缺点，就是没有底。您说，这样的宝贝是否可以用来盛水？"

韩昭侯笑道："那自然是不可以的。"

堂隙公接着说道："微臣家里还有许多瓦罐，虽然不值什么钱，但是底却很坚实。我想用它们来盛酒，您觉得怎么样？"

韩昭侯说道："那自然是没有问题的。"

堂隙公继续说道："是啊，一个瓦罐，虽然不值什么钱，但是因为不会漏，所以能够用来盛酒；一件玉石酒器，尽管它的材料十分珍贵，但如果不能用来盛水，也不过一件废品罢了。可见，罐子有底，能够封口是多么的重要。做人也是一样的道理。一个人地位再尊贵，如果不懂得保守秘密，把军国大事随意地泄露了出去，那和没有底的玉石酒器有什么区别呢？即便一个人再有才华，如果他的计划还未实行时就已经人尽皆知，那么他的计划就只能够成为泡影，根本无法得到施行。"

韩昭侯听闻此言，大为惊恐。他恭敬地向堂谿公行礼，说道："多谢您的教诲，寡人知道应该怎么办了。"

之后，凡是与大臣的谋划，韩昭侯都会小心对待，切实做好保密工作。甚至为了防止说梦话泄露机密，韩昭侯晚上睡觉都是一个人。

韩昭侯并非天生的杰出君主，但他对待自身政事十分认真，小心谨慎，虚心纳谏。虽然有时会显得不近人情，但他坚定地奉行自己的信念，使得韩国国力达到顶峰，是韩国历史上的优秀君主。

原典精选

二十五年，旱，作高门。屈宜臼曰："昭侯不出此门。何也？不时。吾所谓时者，非时日也，人固^①有利不利时。昭侯尝利矣，不作高门。往年秦拔^②宜阳，今年旱，昭侯不以此时恤^③民之急，而顾^④益奢，此谓'时绌^⑤举赢^⑥'。"二十六年，高门成，昭侯卒，果不出此门。

——《史记·韩世家第十五》

注释

① 固：原本，原来。

② 拔：夺取军事上的据点。

③ 恤：体恤，表示对别人的同情与怜悯。

④ 顾：反而。

⑤ 绌（chù）：不足，不够。

⑥ 赢（yíng）：有余。

译文

韩昭侯二十五年，韩国大旱，却修建高大的门楼。屈宜臼说："昭侯是走不出这个高门的。为什么？因为不合时宜。我所说的时宜不是指时间，人本来就有有利和不利的时机。昭侯曾经有很好的时机，却没有去修建高门。去年秦国夺取了宜阳，今年又大旱，昭侯不在这个时候体恤民众的艰难，反而更加奢侈，这就是所谓的'机运不足而行为有余'。"二十六年，高门建成，昭侯去世，果然没有走出此门。

知识拓展

韩昭侯的破裤子

韩昭侯有一条破裤子，他没有扔掉，而是命令近侍们把它藏起来。

侍从们感叹道："大王，一条破裤子而已，您赏赐给我们就可以了，何必要藏起来呢？"

韩昭侯说道："贤明的君主，一举一动都有自己的深意。一个皱眉，一个微笑，都有特定的理由。裤子虽破，但却是我用过的东西。既然是我的东西，那它就有非凡的意义。如果我随意地赏赐给你们，那我的赏赐也太不值钱了。把它藏起来吧，我要等待有大臣立功之后再将它赏赐下去。"

这就是韩昭侯御下之道的体现。

第十一章 高瞻远瞩 推行骑射——赵武灵王

赵武灵王赵雍是赵国的第六位君主，他继任于国家危难之时，励精图治，为赵国在战国乱局中夺得一线生机。在位期间，他坚持『缓称王』的发展策略，进行军事改革，发展军事力量。在晚年时，他传位给其子，但因家事处理不善，酿成沙丘之变，惨遭饿死。

一 少年君王

赵雍的父亲赵肃侯可称得上一代雄主。在位期间，赵肃侯采用苏秦合纵之计，多次联合其他国家进攻魏国，使得魏国实力大损，赵国借此向中原发展。

赵肃侯刚去世，魏惠王便以参加葬礼为名，邀集秦、楚、齐、燕四国，各率兵数万前往赵国，意图瓜分赵国。

五国精兵来袭，赵国处在生死存亡的紧要关头，十五岁的少年君主刚继位便面临一个重大的选择：生存还是毁灭？如此大军压境，赵国哪里有应对的能力？如果交战，则赵国有极大的可能失败，选择投降，也许还能保住王室的性命。

赵雍不愿投降。他召集先王留给他的大臣，看臣子是否与自己的心意相同。一番交谈之后，赵雍十分欣慰，大臣们的态度让赵雍看到了胜利的可能性。

五国联军看似气势汹汹，但各国利益诉求不同，愿意付出的代价也不同，因此各国之间不可能同仇敌忾，统一进退。那么，赵国就需要摆明自己的态度，让他们明白，赵国不是那么可以轻易被他们摆布的。如果想要从赵国身上割下一块肉，那么赵国必然要让他们流一身血！

一方面，赵国强硬地应对五国军队；另一方面，赵国派人出使韩

▲赵武灵王雕像

国、宋国，稳固与两国的关系，共同构建防御网络，给其余各国施加压力。同时，赵国命使者秘密接触越王，送以厚礼，蛊惑越国进攻楚国，使楚国腹背受敌，再无力继续进攻赵国。对于燕国，赵国则命人带上礼物，贿赂楼烦（北方少数民族，与赵国接壤），使其进攻燕国和中山国。如此，又缓解了一路的压力。

在这般巧妙的安排下，赵国一方面除去了燕国和楚国的威胁，一方面构建了韩赵宋的联盟以应对其余诸国。如此，赵国已经处于不败之地。

面对严阵以待的赵国，其余三国知道这次定然无法取得自己想要的结果，于是纷纷止戈，停下了进攻的势头，服从赵国的安排，各国使者只身入赵国参加葬礼。

这样，一场亡国的危机就在君臣亲密无间的配合下得以消弭。经此一役，新王者走到了战国的舞台中央，自此开始了他不断战斗的一生。

二　胡服骑射

赵雍即位之后，赵国先后经历了多次战争，结果有输有赢。赵雍越发急迫地认为赵国有必要进行军事改革，以建立强大的军队。于是，赵雍开始了他一生最为重大的成就——推行胡服骑射。

中华号称华夏，一直以自己的衣冠礼仪为自豪，认为周边的少数民族皆是蛮夷，粗鄙不堪，因此中原各国均不愿意向蛮夷学习。如今，赵雍居然意图在赵国推行胡服骑射，让士兵向异族学习，身着异族的服装。这可真是捅了赵国老臣的马蜂窝了。

须知，每一次变革都必然伴随着利益权衡和政治博弈，即便是君王，想要纯粹依靠自己的意志来推行改革也是不可能的事情。因此，此时的赵雍急需寻求政治盟友的支持。他首先想到的是自己的亲信楼缓。

赵雍命人召见楼缓，对他说："我父王承继父祖之业，掌管赵国，一生有大志向，但最终却落得身死名灭，功绩不显。如今，中山国临近我国，是我们的心腹之患。除此之外，我赵国北靠燕国，又与胡人相接，西边又与林胡、楼烦、秦国接壤，如若诸国进犯，我国却没有强兵足以救援，这是要亡我赵国香火啊！我应该怎么办？俗话说得好，一个人如果想要有显赫的名声，那么就必然要承担相应的后果。为了赵国，我决定向胡人学习。"

楼缓听完君王的发言，心悦诚服，大礼参拜感叹道："大王英明！"

楼缓的赞成给了赵雍信心，但是大多数的大臣对此仍持反对态度。

赵雍十分烦恼，便召见肥义，对他发牢骚道："受到宠信就应该对国君顺从，做出有利于民生、有利于国君的决定，这不正是臣子的本分吗？如今，我想通过变法，学习胡服骑射，增强赵国的军事力量，开拓先祖的功业，可居然找不到愿意支持我的臣子！这些臣子非但不体谅我的苦心支持我，反而反对我，这是为什么？是不是我真的错了？"

▲ 胡服骑射雕像

肥义说道："臣听闻，如果对自己要做的事情有怀疑，那么事情就一定不会成功；如果对自己的行为有疑虑，那么这种行为就一定不会给他带来名声。大王既然已经决定背负不被俗人理解的责任，自然就不必在意天下人的非议。您要明白，真正的圣人不流于世俗，做大事的人也不会寻求众人的同意。愚蠢的人即便在事情成功之后也看不出来因由，智慧的人却能够在未做之前就预见结果。大王还有什么好疑虑的？"

赵雍羞涩道："我不是怀疑改革的效果，我只是担心受到天下人的耻笑。不过，即便有愚者讥笑我，我相信那些真正贤明的人一定会懂我。如今有人支持我，但是胡服的效果却还没有显现出来，我不能就这样放弃，不然必然会被世人所讥笑。即便世人皆笑我，我也一定要推行胡服，只有这样，中山国，才会是我的囊中之物！"

于是赵雍推行胡服的想法愈加坚定。

三 筹谋变法

即便有君王之尊，政令的下达也需要得到臣子们的赞同，不然政令极有可能在推行的过程中发生改变。为了争取大臣的支持，赵雍决定先说服自己的叔叔、在当时有着极大号召力的朝堂元老——公子成。

赵雍派使者对公子成传话："我打算在朝会上推行胡服，希望叔叔能够支持我。在家听从长辈的话，在国听从国君的话，古今都是这样；晚辈不反抗长辈，臣子不忤逆君王，这也是历来的道义。如今我想要移风易俗、更改服饰，若得不到叔叔的支持，恐怕天下人会有非议。治理国家要以民为本，但从事政治却以服从为上；修明道德须从平民开始，但行政却要先取得大臣的信任。叔叔，我推行胡服，绝非出于私欲，而是为了做出一番事业。我就是害怕叔叔会反对我，所以才提前跟您商议，希望能够得到您的支持。"

尽管使者转达的语气谦恭，但仍然遭到了公子成的拒绝："我早就听说大王想要推行胡服，可惜微臣不够聪慧，且有宿疾在身，不然早已进宫劝谏大王。大王有命，臣本应依命行事，之所以敢发这样的议论，纯粹是出于对大王的忠诚。大王，臣听闻，所谓中国，聪明智慧之人所居住，宝物财货所聚集，圣人所教化，仁义所施行，远方的人争着来这里观摩学习，蛮夷之辈更是对这里倾慕不已。如今大王却想要抛弃这些，去学蛮夷的服装，大王的行为背弃了圣贤的教诲，与人心相背，我劝大王还是好好考虑一下这件事吧！"

使者把公子成的话禀告给赵雍，赵雍无奈，决定亲自登门，去说服自己的王叔。

来到公子成的府邸，赵雍说道："王叔，所谓服饰，是为了方便使用；礼仪，是为了方便办事。圣贤走访民间，根据当地的风俗制定礼仪，是为了方便人民，有益国家。短发纹身，绘饰胳膊，露出右臂，这是瓯（ōu）越之民的习惯；染黑牙齿，刻画额头，鱼皮做帽，缝针粗劣，这是大吴国的风俗。所以说，礼仪和服饰虽然有不同，但是方便却是共同的。地方不同，做法也要有变化；事情不同，礼仪也应有

更改。所以，如果真的对国家有利，圣人一定不会强求同一；如果真
的有利于行事，圣人一定不会要求礼仪相同。天下的儒者都师从同一
个老师，但是习俗各异；中国的礼仪一致，但是教化各不相同，更何
况是偏远地区的山谷呢？所以对于风俗的去旧存新，再智慧的人也不
能取得一致的结果；远近的服饰，即便是圣贤也做不到统一。王叔对
我说的不过是习俗，而我说的却是改变习俗。王叔对我赵国地理想必
十分熟悉，我国东与齐国、中山国隔水相对，却无舟船可用；西又与
东胡、楼烦、秦国接壤。如果不变易胡服、发展骑兵，赵国何以应对
这些国家的侵略？王叔，赵雍绝非为一己私欲，全是为了赵国的安危
着想啊！希望王叔一定支持我！"

公子成跪下叩首说道："老臣愚钝，没有理解大王的深意，居然
妄图用俗世的浅薄之见来游说大王，是老臣的罪过啊！如今得知大王
是为了继承先祖志向，振兴赵国，老臣如何敢不听从？"

说完，公子成再次叩首，赵雍赐给他胡服。第二天，公子成身着
胡服上朝。赵雍正式颁布胡服令。

四　沙丘之变

赵国颁布胡服令后，开始招募骑兵，训练军队。赵国的军队迅速
壮大，多次战胜敌国，取得战争的胜利。此时，赵雍作出了一个重要
的决定，他决定将国君之位禅让给自己的儿子，他自己则专心领兵，

为赵国开疆拓土。这年是赵雍在位的第二十七年，他不过四十二岁。

赵雍有两个儿子，长子赵章，次子赵何。为了在退位后依然可以掌握朝政，赵雍没有立自己的长子为王，而是改立只有十一岁的幼子赵何为君，即赵惠文王。赵雍则自称主父，掌管赵国军队。

三年之后，赵雍灭掉中山国，大肆举行封赏。他封自己的长子赵章为安阳君，派田不礼辅佐赵章。

面对这种情况，赵国大臣李兑找到肥义："公子章年富力强，素喜奢侈，党羽众多，欲望很大，怎么可能没有私心？田不礼残忍嗜杀，为人骄横。他们俩在一起，必定会阴谋叛逆！小人有所欲求，往往思虑很少，谋划也浅，只看到好处而不顾危害，因此就会狼狈为奸，为所欲为。我看，他们离叛乱的时间不远了。您在朝堂之上责任重、势力大，叛乱若起，您一定会首先受到伤害。仁慈的人博爱万物，智慧的人在祸患还没有发生时就会有所准备，不仁不智的人，如何治理国家？您干脆佯装生病，把朝政交给公子成吧，这样才能避免祸患。"

肥义说道："不行。主父退位前，把大王交给我辅佐，命我誓死效忠。我接受王命，并将王命亲自记录下来。如果田不礼作乱，我若因为畏惧便忘记我的诺言，那就是变节！我有诺言在前，并且决定坚守我的诺言，也就顾不上自身的安危了！况且，贞洁之臣大难临头方显气节，忠心之臣在祸患面前才能昭明德行。你能够对我说出这番话，是对我的忠诚，但我绝不能忘记我的诺言。"

李兑哭道："还望先生早做准备，不然我能见先生的机会可能只有今年了。"

李兑离开肥义府上，便去见了公子成，此后两人多次见面，以筹划预防田不礼作乱之事。

尽管肥义决定为当今大王尽忠，但他并非毫无安排。他找到自己的亲信高信："公子章和田不礼看似与我友善，实则对我十分厌恶，他俩一个不为人子，一个不为人臣，贪婪成性，欲壑难填。一旦假托王命，犯上作乱，很有可能就会危害国家。我对此十分担心，夜里无法安睡，饥饿时忘记吃饭。国家有此盗贼，不可不防备。从今天开始，如果有人想要召见大王一定要先告诉我，待我觐见之后，如果没有变故才能让大王进去。"

高信抱拳道："我一定听从大人的吩咐。"

不久，赵雍和赵何去沙丘游玩，住在不同的行宫。赵章和田不礼趁机作乱。他们假装奉赵雍的命令召见赵何，高信将这个消息告诉了肥义，肥义便率先前去，结果惨遭杀戮。高信当即保卫着赵何，与赵章和田不礼一伙作战。此时，听闻消息，早有准备的李兑和公子成率军赶到，平定了这场叛乱，杀死了田不礼。赵章趁乱逃跑，去找赵雍寻求庇护，被赵雍接纳。紧跟赵章之后的李兑和公子成包围了赵雍所在的行宫。

追杀赵章的公子成和李兑，看着眼前的宫殿开始犯难。赵章是一定要死的，但是对于宫殿里的先王，他们又该怎么办呢？很快，赵章被人杀死。但是如果就这样离去，他们很有可能会遭到赵雍的清算。他们决定一不做二不休，趁此机会，不如将赵雍也杀死，以免后顾之忧。

两人命令大军继续包围行宫，同时对行宫里的人下令：先出来的人，尚可活命，后出来的人，剿灭三族！行宫里的下人出于恐惧，纷纷出逃。赵雍也想出去，却被宫外的士兵阻拦，无法离开。

叫天天不应，叫地地不灵。困守宫中的赵雍只好这样孤身生活。行宫中的食物储量不少，赵雍因此生活了不少时间。

但是食物总有吃完的一天。在距离沙丘宫被围三个月之后，一代雄主赵武灵王赵雍终于不用再忍受屈辱，离开了人间。

战国是变革的时代。尽管各国都在积极地变法，但赵武灵王所主持的"胡服骑射"无疑是影响最为深远的变法之一，给中国历史带来了巨大的改变。

原典精选

主父及王游沙丘，异①宫，公子章即以其徒与田不礼作乱，诈以主父令召王。肥义先入，杀之。高信即与王战。公子成与李兑自国至，乃起四邑之兵入距难②，杀公子章及田不礼，灭其党贼而定王室。公子成为相，号安平君，李兑为司寇。公子章之败，往走主父，主父开之，成、兑因围主父宫。公子章死，公子成、李兑谋曰："以章故围主父，即解兵，吾属夷③矣。"乃遂围主父。令宫中人"后出者夷"，宫中人悉出。主父欲出不得，又不得食，探爵鷇④而食之，三月余而饿死沙丘宫。主父定死，乃发丧赴诸侯。

——《史记·赵世家第十三》

注释

①异：分开。

②距难：距，通"据"，抗拒；难（nàn），表示祸患。距难，即平乱之意。

③夷：消灭。

④爵鷇（kòu）：雏雀，幼鸟。

译文

赵雍与赵惠文王去沙丘游玩，住在不同的行宫中，公子章便率领他的党徒和田不礼发动叛乱，假借赵雍的命令召见惠文王。肥义先进去，被杀。

高信保护着惠文王与叛军交战。公子成和李兑从国都到达沙丘，发周围之兵以平乱，杀死公子章和田不礼，消灭他们的党羽，安定了王室。此后，公子成作了赵国的丞相，号为安平君，李兑出任司寇之职。公子章失败的时候，逃至赵雍所在的行宫，赵雍打开宫门接纳了他，公子成和李兑因此包围了赵雍所在的行宫。公子章死后，公子成和李兑商议："因为公子章的缘故，我们包围了武灵王的行宫。即便我们撤兵，我们也会被杀。"于是继续包围沙丘宫，并给行宫的人下令"后出的人死"，于是行宫中的侍从尽皆离开。赵雍想出却出不去，又没有食物，甚至抓住鸟雀来吃，三个月后饿死在了沙丘宫。赵雍死后，赵国给各国发了赵武灵王的死亡通知。

知识拓展

战国"捉刀人"

"捉刀人"的典故来自三国时期的曹操。曹操当时掌权，面见匈奴使者，因为害怕自己相貌不够英武，无法威慑匈奴使者，于是命人扮作自己，他自己则假装侍卫站在一旁。见面之后，曹操私下派人去问匈奴使者："不知您对魏王（指曹操）的印象如何？"匈奴使者回答道："魏王看上去十分儒雅，但是站在他旁边的捉刀人（指侍卫），看上去才是真正的英雄人物。"曹操听闻此言，立即派人去追杀匈奴使者。

战国时期则发生过一件虽然看似不同，实则有异曲同工之妙的事情。当时赵雍已经传位给自己的儿子，他自己则掌管赵国的军队。为了日后进攻秦国，他决定亲自去查勘秦国的地形，顺便看看秦昭王的为人。于是他假装是赵国使者，亲自前往秦国觐见秦昭王。秦昭王不知他是赵雍，只觉得此人看上去威武雄壮，定然不是小人物。见面之后，秦昭王越想越不对劲，于是命人去把刚才的使者抓回来，谁知那个使者已经离开了秦国的边境。秦昭王审问抓住的其他人，才知道那人居然就是赵武灵王赵雍，不禁骇然。

第十二章 轻信人言 客死异乡——楚怀王

楚怀王熊槐，楚威王之子、楚顷襄王之父，他堪称楚国历史上最让人心疼的君王。他很容易听取别人的意见，但倾听的总是错误的那一方；他有自己的主见，但却常常失之愚蠢；他有一颗赤子之心，但在战国乱世中却常常显得格格不入。他大胆任用屈原等人进行改革，使楚国一跃成为强国，但他又误信他人，最终致使国土沦落，使楚国走向灭亡。

一　画蛇添足

楚国最严重的问题是君臣不同心。

楚怀王六年，楚国大将昭阳率领大军进攻魏国，很快便取得战争的胜利。趁着军威正盛，昭阳决定率军进攻齐国。面对楚国大军，齐王十分忧虑，不知如何是好。

此时，秦国的使者陈轸（zhěn）正好出使齐国，眼见齐国面临楚军压境，为了防止楚国入侵齐国后变得更加强大，他决定帮助齐国解决眼前的困境。

陈轸面见齐王，说自己有破解之法。齐王以为陈轸身后有秦国大军，却没想到陈轸说自己一人即可。

齐王不信："您一个人能做什么？"

陈轸自信道："大王不必担忧，陈轸虽只有一人，也定然叫昭阳退军。"

说完，陈轸就出发去求见昭阳。

见到昭阳后，陈轸先问了昭阳一个问题："敢问将军，不知楚国对于攻城杀将的统帅，最高有什么赏赐？"

昭阳回答道："提升官职为上柱国，封上等爵位。"

陈轸说："那楚国还有比上柱国更尊贵的职位吗？"

昭阳说："有，令尹之职。"

陈轸说道："据我所知，阁下已经是令尹了，那不已经是楚国最高的职位了吗？将军，在下对您十分尊崇，所以有些话不得不说。我曾经听过一个故事，有一个人赏赐给自家的宾客一壶酒。美酒只有一壶，宾客却有数人，这么多的人分一壶酒，即便每个人只喝一口都不够分。于是他们商议说：'我们这么多人喝这一壶酒，想要谁都喝到一口，那定然是不够的。不如我们在地上画蛇，谁先画成就让他一个人享用这壶酒。'众宾客同意了这个提议，于是纷纷开始在地上画蛇。其中有一个人画得最快，他一边说着'我已经画好了'，一边拿过酒壶开始饮酒。看到其他人还在作画，他高声说道：'我不只能画蛇，我还能给它画上脚。'于是他边饮酒边给蛇添上了脚。等到他刚画好脚，第二个完成的人便立刻夺过酒壶，对他说道：'蛇根本就没有脚，你给它画上脚，它就不是蛇了。既然它不是蛇，那这壶酒理应归我所有。'于是第二个人饮完了剩下的酒。将军，您就像这第一个画好蛇的人。如今，您掌握楚国国政，又因为进攻魏国而立下赫赫军功，如此大的功劳，但您的官职却不可能继续提升。如果您继续进攻齐国，那就好比给蛇添上脚一样：您胜了，官爵不会比现在更高；您败了，却可能面临身死和夺爵的后果，您在楚国的声誉也毁了。依我看，您不如就此罢兵，就当给齐国一个恩惠，也算给自己留条后路，这才是老成持重之术啊！"

昭阳心悦诚服道："先生言之有理，昭阳受教了。"

之后，昭阳率军退去。从此，楚国失去了进攻齐国的机会。这一切的根源，就在于楚国的君臣利益很难趋向一致。尤其，楚国的贵族

▲战国·楚，错金"鄂君启"青铜节。所刻铭文记载了公元前323年，楚怀王发给鄂君启舟节和车节的过程，并详细规定了鄂君启水路、陆路交通运输的路线、运载额、运输种类和纳税情况，是研究战国时楚国交通、地理和商业赋税制度的珍贵资料

势力较为顽固，君臣之间的利益冲突十分激烈。臣子出卖自己的智慧与武力只是为了从君王处获得官爵与财富，对国家与君王并无归属感。正是在这种情况下，昭阳放弃了对齐国的进攻。可悲的是，熊槐根本认识不到楚国的这个弊病，他正陷于和张仪的纠缠之中。

二 怀王与张仪

楚怀王十六年，张仪奉秦惠王的命令出使楚国，面见楚怀王。面对这个曾经的秦国丞相，楚怀王十分钦佩，但也十分好奇张仪所为何来。

原来，尽管楚国曾有意图进攻齐国，但楚齐之间有婚姻关系，因此关系仍算亲近。秦国有意进攻齐国，担心楚国会在战局焦灼中相助齐国，因此派遣张仪前来游说楚怀王。

张仪对楚怀王说道："秦王最佩服的便是大王您，张仪最想服侍的也是大王您。秦王十分厌恶齐王，张仪也非常看不起齐王。但大王您却与齐王结亲，秦王因此不愿意面见您，张仪也不愿在您手下当官。如果大王能够与齐国断绝往来，那大王立刻就可以派遣使者，随张仪去秦国取回被攻占的六百里商於（wū）之地。如此一来，您一方面削弱了齐国，一方面与秦国修好，另一方面还可以得到商於的六百里土地，可说是一箭三雕之事。"

楚怀王听完后，喜出望外。他当即任命张仪为楚国丞相，每日与张仪饮酒作乐，感慨道："我楚国又要重新收回商於的土地了。"

楚国的大臣们知道了这件事，纷纷恭贺楚怀王，只有陈轸（此时陈轸已投奔楚国）一个人十分悲伤。楚怀王见了，十分好奇："爱卿为何如此悲伤？"

陈轸说道："秦国之所以如此重视大王，是因为大王您和齐国亲近。如今，商於之地还未拿到手，您就已经与齐国绝交，这无异于将楚国置于孤立无援的状态啊！如此一来，秦国如何还会重视楚国？而如果我们先拿到了商於之地，然后再与齐国绝交，那么秦国定然不敢轻视楚国。可我们却先与齐国绝交，然后才去秦国索要土地，这样一定会被张仪欺骗。如果被张仪欺骗，大王必然愤怒。如果大王对秦国不满，那么一定会与秦国绝交。如此一来，楚国既得不到齐国和秦国的帮助，又给了其他国家进攻楚国的便利。"

尽管有陈轸的衷心相劝，心思单纯的楚怀王仍然认为陈轸是杞人忧天，因此并没有听从陈轸的建议，他只是命令一名将领率军跟随张仪去秦国接受商於之地。

张仪到了秦国之后，以喝醉了从马车上掉下来为由，假装生病，要在家休息三个月，且养病期间不能见客，因此楚将一直没有机会去接收商於之地。

听闻这种情况，楚怀王终于开始意识到不对。但是他并不认为是张仪在欺骗他，他想："难道是因为张仪觉得我国和齐国绝交得还不够彻底？"为了向张仪表明心迹，他派了一位勇士北上，去当面羞辱齐王。

这使得齐王恼羞成怒，觉得楚王未免欺人太甚，于是齐国彻底与楚国断交，并和秦国缔结了盟约。

听闻秦国和齐国缔约，原本重病的张仪突然就身体痊愈了，他亲自去面见楚国的那位将领，惊讶地说道："您为何还不去接受土地啊？您看，从这里到那里，共六里地。"

楚将惊道："先生是不是记错了？我接到了命令是六百里土地，可不是六里。"

张仪说道："就是六里啊，不然将军回去再问问楚王？"

面对张仪的流氓行径，楚将无可奈何，只好回国将情况告知。楚怀王听闻这个消息，十分愤怒，不顾陈轸的劝阻，毅然出兵秦国，但结果却是损兵折将，还被秦国占领了汉中的不少土地。

经此一役，秦国与楚国交恶，但国家之间没有永恒的敌人，只有永恒的利益。为了日后的发展，秦国希望能够和楚国重修旧好，并且愿意将侵占的汉中之地分一半给楚国。楚怀王咬牙切齿道："我不要土地，我只要张仪！"怀王念念不忘的是张仪对自己的欺骗与背叛，他想要杀掉张仪以泄自己心头之恨。张仪听闻此言，尽管秦王有所提醒，仍欣然前往。

张仪到了楚国，还没有见到楚怀王，便被抓进了监狱。张仪与楚国大臣靳尚有私交，下狱之后便托靳尚对楚怀王进言："大王拘禁张仪，必定会让秦王十分恼怒，天下人看到大王如此不讲诚信，必然会看轻大王。"

接着，张仪又建议靳尚对楚怀王的宠妃郑袖游说，说道："夫人，您也知道，秦王十分看重张仪。如今大王想要杀掉张仪，听闻秦王想要拿六个县的土地来与楚国交换，并且愿意把美人嫁给大王，还选了擅长唱歌的陪嫁女子。大王看重土地、尊重秦国，这样一来，秦女身份水涨船高，而夫人却会遭受冷落。夫人，您要早做打算啊！"

郑袖听完，觉得很有道理，便利用自己吹枕头风的机会，让楚怀王放了张仪。耳根子软的楚怀王耐不住自己宠妃的撒娇，最后竟然真的释放了张仪，还在张仪的劝说下与秦国缔结婚姻。直到屈原回国，对楚怀王说道："大王为什么不诛杀张仪？"楚怀王才突然醒悟，立刻派人去追杀张仪，可惜此时的张仪已经轻松地回到了秦国。

三 身死客国

楚怀王为了一点蝇头小利与齐国决裂，得到的却是秦国的欺侮。不久之后，出于对本国利益的维护，齐国对楚国伸出友谊之手，想要重建军事同盟，这一提议得到楚怀王的赞同。但很快，因为秦国的厚礼相赠，楚国再次背弃了自己的盟友，选择与秦国缔结了盟约。

自感尊严受到侵犯的齐国忍无可忍，约集韩国、魏国共同对楚国发起了进攻。面对汹涌袭来的兵潮，楚怀王无力应对，只得将自己的太子送去秦国作人质，以换得秦国的援兵。秦国不负所望，很快派兵救援楚国，顺利解决了此次危机。

此举原本可以顺利拉进秦楚之间的关系，但风云莫测的形势与父子一脉相承的意气用事让事情很快有了出人意料的转变。不到一年，在秦国为质的楚国太子因为与一位秦国大夫发生争执而暴起杀人。因为太过害怕，太子逃回了楚国。

这种行为是对秦国尊严的挑衅，于是秦国联合齐国、韩国、魏国一同对楚国发起了进攻，攻城拔寨，杀伤无数，楚国损失惨重。

第二年，秦国继续进攻楚国。楚怀王惊慌失措，唯一能够想到的办法便是将太子作为人质出使齐国，以求得齐国的援助。这种行为给秦王带来了一丝压力，迫使秦王决定转变自己的决策。

此时在位的秦昭王派人给楚怀王送去一封书信，信中写道："还记得寡人与楚王订立盟约，相约为兄弟之国。出于信任，您派您的太子至我秦国，那时秦楚两国是多么友好。谁承想，楚国太子竟在我秦国境内无故击杀我秦国重臣，且不告而别，此举实在令寡人愤怒，所以才派出军队，侵犯了楚的边境。近日听闻，楚王您命太子为人质出使齐国，谁人不知，我秦国与楚国接壤，两国王室缔结婚姻早有历史，秦楚之间如果有矛盾，还怎样号令诸侯？因此寡人希望可以和楚王在武关相会，重新缔结盟约。不知楚王意下如何？"

接到秦王的书信，怀王惴惴不安。去，万一这是秦国的阴谋怎么办？不去，如果惹怒了秦国，秦国再次派兵入侵楚国怎么办？怀王对此多有顾虑。

楚国大臣昭雎（jū）看破了秦国的狼子野心，他向楚怀王进谏道："大王，您可千万不能去啊，我们只需要做好防御工作即可。秦国是虎狼之国，早有吞并诸侯之心，绝对不能够信任。"

怀王的另一个儿子子兰却有不同的看法："父亲，既然秦国有交好之心，我们干吗要和秦国闹得那么僵呢！"

荒唐至极，怀王再次作出了自认为正确的决定：他决定去武关与秦昭王见面，订立盟约。

他想，秦国应该不会那么不讲道义吧？

楚怀王一心想着与秦昭王在武关相见，但他无论如何也想不到，秦昭王根本不在武关。他见到的只是一个打着秦王名号的秦国将领，一进武关，他就被秦国将领挟持着去了咸阳。

秦昭王说，只要楚国愿意割让秦国想要的土地，那么一定会安然送楚王回国。为了自身安全着想，楚怀王决定答应秦昭王的要求。但也许是知道自己先前的行为有违道义，害怕楚怀王以牙还牙，因此秦国要求楚国必须先将土地交付给秦国，然后才能送楚怀王回国。

这个决定成为了压垮骆驼的最后一根稻草，楚怀王对此表示坚决反对，说道："秦国欺骗我，现在还想强行索要我楚国的土地！我是不可能同意的！"秦国没有办法，只能继续扣留楚怀王。

此时，楚国朝堂发生了争论。楚怀王被秦国扣留，而太子又在齐国为质，一旦秦国和齐国联盟，那楚国岂不是有亡国之祸？既然如此，不如改立其他的王子为王。一番讨论之后，昭雎一锤定音，至齐国迎回太子，立为新一任楚王，是为楚顷襄王。

楚国有了新的大王，楚怀王的重要性便大大降低，秦国对楚怀王的看守程度也因此降低，这给了楚怀王出逃的机会。终于，楚怀王乘着防守的空隙偷偷溜走，想要逃回楚国，但发现楚怀王逃走的秦王很快便命

▲傅抱石《屈原图》。屈原，战国时期楚国诗人、政治家，早年受楚怀王信任，任左徒、三闾大夫，兼管内政外交大事，因遭人排挤毁谤，两次被流放

令大军严防各条通往楚国的要道，绝对不能够让楚怀王回到楚国。

没办法，楚怀王只好走迂回路线，想要得到赵国的帮助以回到楚国，但此时赵国武灵王刚刚退位，人不在国内。赵国新君年幼，害怕招致秦国的进攻，不敢接纳楚怀王，楚怀王只好向魏国进发。魏国虽然接纳了楚怀王，但面对追击的秦军，魏国最终选择将楚怀王双手奉上。于是楚怀王再次回到了秦国。

再次回到秦国的楚怀王很快便气急攻心，发病去世。秦国无奈，只好将楚怀王的尸体送回楚国安葬。尽管曾经有荒唐的行为，但客死异国的悲惨让他博得了楚国民众的同情，也坚定了楚国民众对秦国的仇视之心。

楚怀王熊槐虽然继承了楚国的王位，但是却不具备君王的品质。他对人很少有戒心，信守承诺，同时相信别人也会遵守诺言，过分相信他人，但他没想到政治只相信利益，不相信诺言。

原典精选

六年，楚使柱国昭阳将兵而攻魏，破之于襄陵，得八邑。又移兵而攻齐，齐王患①之。陈轸适②为秦使齐，齐王曰："为之奈何？"陈轸曰："王勿忧，请令罢之。"即往见昭阳军中，曰："愿闻楚国之法，破军杀将者何以贵之？"昭阳曰："其官为上柱国，封上爵③，执珪。"陈轸曰："其有贵于此者乎？"昭阳曰："令尹。"陈轸曰："今君已为令尹矣，此国冠之上。臣请得譬④之。人有遗其舍人⑤一卮⑥酒者，舍人相谓曰：'数人饮此，不足以遍，请遂画地为蛇，蛇先成者独饮之。'一人曰：'吾蛇先成。'举酒而起，曰：'吾能为之足。'及其为之足，而后成人夺之酒而饮之，曰：'蛇固无足，今为之足，是非蛇也。'今君相楚而攻魏，破军杀将，功莫大焉，冠之上不可以加矣。今又移兵而攻齐，攻齐胜之，官爵不加于此；攻之不胜，身死爵夺，有毁于楚：此为蛇为足之说也。不若引兵而去以德齐，此持满之术也。"昭阳曰："善。"引兵而去。

——《史记·楚世家第十》

注释

① 患：忧虑。

② 适：恰巧。

③ 上爵：春秋战国时楚国之名爵，为楚最高爵位。

④ 譬（pì）：打比方。

⑤舍人：门客。

⑥卮（zhī）：古代盛酒的一种器皿。

译文

　　楚怀王登基的第六年，楚国派柱国昭阳率兵进攻魏国，在襄陵攻破魏国，得到八个县。接着进攻齐国，齐国非常忧虑。正好此时陈轸出使齐国。齐王问道："你有什么办法？"陈轸说："大王不用忧虑，我会让他退兵的。"于是去楚军中面见昭阳，说道："我希望可以听闻楚国的制度，对于攻破军队、击杀将领的有什么赏赐？"昭阳说："当上柱国，封上爵。"陈轸说："还有比这个更尊贵的职位吗？"昭阳说："令尹。"陈轸说道："如今阁下已经是令尹了，这已经是楚国最高的职位了。我打个比方。有一个人给了自家的宾客一壶酒，宾客们互相说道：'我们这么多人喝这一壶酒，想要谁都喝到一口是不够的，不如我们在地上画蛇，谁先画成就一个人喝这壶酒。'一个人说：'我的蛇最先完成。'他还举起酒壶起身道：'我还能为它画上脚。'等到他画好脚，后面画成的人夺过他的酒便喝，说：'蛇本来没有脚，你给它画上脚，它就不是蛇了。'如今阁下掌握楚国的国政而进攻魏国，立下赫赫军功，如此大的功劳，但官职却不可以再往上升了。如今又率军进攻齐国，如果胜了，官爵不会比现在更高；如果不胜，或者身死，或者爵位被剥夺，在楚国的声誉也毁了。这就好比给蛇画上脚。不如率兵退去，给齐国施以恩惠，这才是老成持重之术。"昭阳说："说得对。"昭阳率军离去。

知识拓展

楚怀王熊心

除了熊槐之外，历史上还有第二位楚怀王。秦始皇逝世以后，原来的各国后裔纷纷举旗造反，楚国贵族出身的项梁为了拉拢民心，便找来楚怀王的孙子熊心，仍立其为楚怀王，以增强号召力。相传，项梁找到熊心的时候，熊心正在为人放羊，在被项梁立为楚怀王后，熊心的权力有限，基本只是一个傀儡。巨鹿之战后，各路诸侯相约谁先入咸阳便封王，结果刘邦先入，熊心决定按照约定封刘邦为王，但此举却招致了项羽的嫉恨。后来项羽找到机会，将熊心暗中杀害了。